UNA GUÍA ESENCIAL SOBRE LOS

Ángeles

CASA
CREACIÓN

Library of Congress Control Number: 2015935835
ISBN: 978-1-62998-323-3
E-book: 978-1-62998-355-4

Porciones de este libro fueron previamente publicadas por Casa Creación en los libros: *Nuestros aliados invisibles* por Ron Phillips, ISBN: 978-1-61636-064-9, copyright © 2010; *Encuentros angelicales* por James W. y Michal Ann Goll, ISBN: 978-1-59979-117-3, copyright © 2007; *Historias de ángeles* por Jonathan Nixon, ISBN: 978-1-62136-469-6, copyright © 2014; *Ángeles en misión* por Perry Stone, ISBN 978-1-59979-566-9, copyright © 2009; *The Truth About Angels* (La verdad sobre los ángeles) por Terry Law, ISBN: 978-1-59185-959-8, copyright © 2006.

Impreso en los Estados Unidos de América
15 16 17 18 19 * 5 4 3 2 1

CONTENIDO

Parte I

Todo sobre los ángeles

Parte II

Los ángeles en la Biblia

Parte III

Lo que hacen los ángeles

Parte IV

Cómo se movilizan los ángeles

INTRODUCCIÓN

La Biblia nos dice que los ángeles están alrededor de nosotros: "pues a sus ángeles mandará acerca de ti, que te guarden en todos tus caminos" (Salmo 91:11). Los ángeles nos guían y protegen, nos ministran confortación, entregan mensajes divinos, fortalecen al pueblo de Dios, y son nuestros aliados en la guerra espiritual. Aunque es erróneo adorar ángeles, es importante entender qué son los ángeles, cómo operan, y cómo se activan.

Este libro le hará conocer la naturaleza y el carácter de los ángeles para que usted pueda discernir la diferencia entre los encuentros angélicos verdaderos y falsos. Usted va a leer sobre la presencia de los ángeles en las Escrituras y en la vida de Jesús para comprender cómo ellos han ministrado a la humanidad a través del tiempo. Y este libro le mostrará cómo están trabajando los ángeles hoy en día, y cómo podemos colaborar con ellos para hacer avanzar el reino de Dios en la tierra.

"Es una superstición adorar a los ángeles", dijo una vez Charles Spurgeon, "lo correcto es amarlos… ¡Oh, cuán dulce es pensar que estos seres santos y amables son nuestros guardianes cada hora! Ellos hacen rondas a nuestro alrededor, tanto en el ardor del mediodía como en la oscuridad de la noche. Ellos nos guardan en todos nuestros caminos; nos llevan en sus manos para que nuestros pies no tropiecen en piedra en ningún momento. A nosotros que somos herederos de la salvación, ellos nos ministran incesantemente; tanto de día como de noche son nuestros guardianes, pues ¿acaso no saben que 'El ángel de Jehová acampa alrededor de los que le temen'?"[1]

Que mientras exploramos el mundo místico de los ángeles podamos llegar a amarlos por su servicio fiel a Dios y su servicio a nosotros. Que puedan ser bienvenidos en nuestras iglesias, nuestras casas y nuestros lugares de trabajo. Que podamos disfrutar de su compañía y llegar a comprender mejor a las huestes celestiales que Dios ha puesto a nuestra disposición.

PARTE I

Todo sobre los ángeles

Arcangel Gabriel escoge
para ti los pasajes que son
mensajes verdaderos y que
son para tu expansión espiritual
Gracias;
Anna...

Capítulo 1

¿QUÉ SON LOS ÁNGELES?

Por Terry Law

PARA ALGUNAS PERSONAS, la existencia de los ángeles está en cuestión. Para ellos, no sería posible, a pesar de la evidencia de que abundan. No obstante, si usted confía en las Escrituras, es evidente que los ángeles que aparecen de principio a fin no son símbolos, figuras de lenguaje o ilusiones mentales. Son seres individuales creados por Dios, y comparten el plan divino para la humanidad o se oponen a él con Satanás como su líder.

Aceptar la existencia de los ángeles plantea muchas otras preguntas sobre ellos:

- ¿De dónde vienen los ángeles?

- ¿Cuántos hay?

- ¿Cuál es su naturaleza?

- ¿Qué aspecto tienen?

- ¿Cuánto poder y autoridad tienen sobre la tierra y sus habitantes?

- ¿Cuál es su posición en relación con la humanidad?

- ¿Cuál es su posición en relación a Jesús?

La palabra *ángel* significa sencillamente "mensajero". La palabra hebrea es *malák*, y la griega es *ángelos*. Dependiendo del contexto estas palabras pueden indicar un mensajero humano (1 Samuel 6:21; Isaías 44:26; Mateo 11:10; Lucas 7:24, Santiago 2:25) o lo sobrenatural seres celestiales que llamamos ángeles (Lucas 1:11; Salmos 104:4; Mateo 4:6; Apocalipsis 16:1).[1]

EL ORIGEN DE LOS ÁNGELES

El salmista entiende que Dios creó los ángeles (Salmos 103:20-21; 148:2). En el Nuevo Testamento, el apóstol Pablo escribió a la iglesia de Colosas, en lo que ahora es Turquía:

> Porque en él fueron creadas todas las cosas, las que hay en los cielos y las que hay en la tierra, visibles e invisibles; sean tronos, sean dominios, sean principados, sean potestades; todo fue creado por medio de él y para él.
>
> —COLOSENSES 1:16

Uno de los errores sobre los que Pablo escribía a los colosenses era el culto a los ángeles. Algunos estudiosos piensan que esto era parte de un llamado gnosticismo judaístico, un precursor de la religión gnóstica que se desarrolló plenamente en el tercer siglo.

Además, es obvio a partir de este versículo que Jesús no es el primero y más prestigioso de los ángeles, como enseñan algunos de la Nueva Era y otras enseñanzas no cristianas. Pablo escribió que por Él fueron creadas todas las cosas, y eso incluye a los ángeles. Pablo les dijo que era engañosa humildad reverenciar a los ángeles (Colosenses 2:18). Los ángeles son seres creados, no divinos.

Hay diferencias de opinión respecto a cuando exactamente tuvo lugar la creación de los ángeles respecto a la creación del hombre. He aquí dos ideas diferentes.

1. Los ángeles fueron creados antes que el hombre. cuando Dios creó los cielos y la tierra (Génesis 1:1). Esto supone la "teoría de la brecha" o la teoría de la "ruina-reconstrucción", que presenta la idea de que hay un lapso de tiempo indefinido entre los versículos 1 y 2 de Génesis 1. Esta teoría, o doctrina, dice que Dios creó un mundo perfecto en algún momento del pasado desconocido. Cuando Satanás se rebeló (Isaías 14), los habitantes de ese mundo cayeron con él. El juicio, o la guerra, dieron como resultado que la tierra se volviera caótica. De acuerdo con la teoría, las plantas, animales

    y seres de ese tiempo cuyos fósiles se encuentran
    hoy están genéticamente relacionados con la tierra
    o a los seres humanos actuales.

2. Los ángeles no fueron creados antes que el universo, sino durante el "hexamerón", las seis épocas o eras de creación representadas por seis días en las Escrituras. Solo Dios existía antes de la creación del universo (Génesis 2:2-3).[2]

Después de estudiar las Escrituras y las diversas posiciones teológicas sobre esto, a mí me parece que los ángeles deben haber sido creados antes que el universo, cuando solo estaba Dios mismo. Un versículo de la Biblia establece literalmente que los ángeles ya estaban allí cuando Dios creó la tierra.

> ¿Dónde estabas tú cuando yo fundaba la tierra? ¿Cuando alababan todas las estrellas del alba, y se regocijaban todos los hijos de Dios?
>
> —Job 38:4, 7

La frase "hijos de Dios" se usa varias veces en las Escrituras para referirse a los ángeles. Además, es obvio que Satanás existía antes de que Dios creara a Adán y Eva, y que es un ser angélico.

Todos los ángeles fueron creados santos, porque Dios dice que todo lo que había creado era "muy bueno" (Génesis 1:21). Dios no podría ser todo lo bueno y crear directamente algo malo.

Los ángeles no solo eran santos en su naturaleza (Marcos 8:38), sino que todo y toda influencia a su alrededor era buena. Tenían grandes privilegios, uno de ellos, tener comunión personal y directa con Dios. Sin embargo, Dios concedió a los ángeles la capacidad de tomar decisiones, y algunos ángeles optaron por rebelarse con Satanás.

Según la Biblia, los ángeles que siguieron a Satanás no pueden ser rescatados (Mateo 25:41). Algunos teólogos sugieren que los ángeles rebeldes pueden haber tenido un período de prueba en que podían haberse arrepentido.

Pero, ¿por qué Dios provee redención para los hijos de Adán, pero no para los ángeles? El difunto Henry Clarence Theissen, primer decano del Wheaton College, escribió:

> Como los ángeles son una compañía y no una raza, ellos pecaron individualmente, y no como la autoridad federal de una raza (como Adán). Es posible que debido a esto, Dios no haya provisto salvación para los ángeles caídos.[3]

¿POR QUÉ CREÓ DIOS A LOS ÁNGELES?

Tomás de Aquino, un erudito medioeval que fue llamado el "doctor angélico" debido a lo mucho que escribió sobre los ángeles, sugirió que los ángeles tuvieron que ser creados con el fin de "perfeccionar" el universo. En otras palabras, si todo lo que pudiera existir no hubiera sido creado, la creación no sería perfecta, lo que es imposible para Dios.

Otra teoría es que Dios es un Dios de "orden", y un espacio sin llenar rompería el orden del universo. Esto se conoce como la teoría de la "gran cadena del ser". Este pensamiento, llevado al extremo, condujo a la idea de que Dios debe ser abordado a través de intermediarios.

Una tercera idea es que Dios creó los ángeles para que lo alaben, lo honren y le den gloria. El propio nombre de este orden de seres —mensajeros—también parece dar a entender que fueron creados para una función determinada.

Sin embargo, me parece que a todas las teorías sobre por qué Dios creó a los ángeles se les puede poner punto final con una declaración: ¡los hizo porque quiso! Realmente no es necesario— y puede no ser asunto nuestro—entender por qué quiso hacerlos.

Una cosa que podemos observar es que cada ángel parece haber sido una creación directa de Dios, dice Robert Lightner del Dallas Theological Seminary.[4] En contraste, en el inicio de la humanidad, Dios creó un par original que podría reproducirse. Los hombres y los ángeles tienen naturalezas diferentes porque fueron creados en diferentes formas.

El resultado de todo esto, según Theissen, es que los ángeles son una compañía, no una raza, y son considerados un "orden" de creación. Eso significa que los ángeles no procrean—por lo menos no procrean en su estado natural.[5] Son llamados "hijos de Dios" en el sentido de haber sido creados por Dios, pero jamás son llamados "hijos de ángeles".[6] Los ángeles no mueren (Lucas 20:36), de modo que el número creado por Dios fue y sigue siendo el mismo.

¿CUÁNTOS ÁNGELES HAY?

El número de ángeles que existe fue un tema popular entre los teólogos durante la Edad Media a pesar de que nunca pudieron decidir cuántos ángeles pueden pararse en la cabeza de un alfiler.

Los místicos judíos de la Edad Media determinaron que 301 655 722 ángeles, llegaron a esa cantidad a través de una complicada fórmula de asignación de números a letras y, a continuación, traducir las letras a números y contarlos. El autor y editor John Ronner escribió que no importa cuántos haya, los ángeles "¡nos superan en número como la nación sioux a Custer en Little Big Horn!".[7]

Un versículo de las Escrituras menciona un "diez mil veces diez mil", lo que sería cientos de millones en un lugar (Daniel 7:10). La línea inferior de estas alusiones parece ser que los ángeles son innumerables (Hebreos 12:22). O, como le dijo Eliseo a su siervo: "más son los que están con nosotros que los que están con ellos" (2 Reyes 6:16).

Sin embargo, Job tenía la respuesta perfecta a las preguntas sobre el número de los ángeles: "¿No son incontables sus ejércitos?" (Job 25:3, rvr1995).

Si no podemos saber cuántos ángeles hay, ¿podremos saber lo que son los ángeles? ¿Qué tipo de naturalezas tienen, ya que cada uno es una creación y no una raza con características hereditarias como es el hombre?

LA NATURALEZA Y APARIENCIA DE LOS ÁNGELES

Por lo general se reconoce que existen tres elementos o atributos de personalidad, todos los cuales son poseídos por los ángeles.

   1. Los ángeles tienen inteligencia, que se expresa a
      través de un anhelo de mirar 4n la salvación de los

seres humanos (1 Pedro 1:12) y por la capacidad
de comunicarse inteligentemente en el habla. De
hecho, al parecer tienen sus propios lenguajes
(1 Corintios 13:1).

Todos los escritores de teologías sistemáticas,
tanto protestantes como católicos, llaman a los
ángeles seres "racionales". Los ángeles tienen sabiduría, así como conocimiento que está más allá
del hombre acerca de muchos asuntos. Segundo de
Samuel 14:20 dice: "mi señor es sabio conforme a
la sabiduría de un ángel de Dios, para conocer lo
que hay en la tierra".

También podemos deducir que los ángeles
rinden culto inteligente a Dios de pasajes de toda
las Escrituras y especialmente del libro de Apocalipsis. Sin embargo, no hay en la Biblia nada
que nos conduzca a creer que algunos ángeles son
más inteligentes que otros. Al parecer, no fueron
creados con todos los conocimientos que pudieran
tener, sino que por inferencias de las Escrituras,
están creciendo en conocimiento (Efesios 3:9-10;
1 Pedro 1:12).

2. Los ángeles tienen emociones, que vemos cuando
   se regocijan por un pecador que es salvo (Lucas
   15:10) y su exuberante celebración del nacimiento
   de Jesús.

3. Los Ángeles tienen voluntad. Tienen la capacidad
   de elegir entre diversos cursos de acción y seguirlos.
   En el caso de Lucifer y los ángeles que lo siguieron,
   algunos ángeles ejercieron su voluntad rebelándose
   contra Dios.

Parece evidente de los ejemplos de ángeles en la Biblia que definitivamente tienen personalidad. Pero, ¿qué dice la Biblia acerca
de la apariencia de los ángeles?

A pesar de ser creados individualmente (lo cual significa que

Dios podría haberlos creado exactamente iguales), parece haber diferencias entre algunos órdenes de seres angélicos. Los ángeles mensajeros no tienen el aspecto de los querubines y viceversa.

Roland Buck, mi amigo que describe muchos incidentes personales de visitaciones angélicas, dijo:

> Todos parecen estar interesados en conocer algo sobre la apariencia física de los ángeles. ¡No hay dos de ellos que parezcan iguales! Son de diferentes tamaños, diferentes estilos de peinados, y apariencias totalmente diferentes.[8]

La Biblia no habla de los cuerpos de los ángeles. Sin embargo, en la iglesia esta cuestión ha sido objeto de mucha discusión y debate a través de los años, particularmente durante la Edad Media. ¿Tienen algún tipo de cuerpo? ¿O son seres puramente espirituales?

En las historias que nuestro ministerio ha recogido, ha habido ángeles con alas y ángeles sin alas, ángeles que parecen ángeles y ángeles que parecen seres humanos.

Me parece probable que los ángeles que se nos aparecen como hombres, no como ángeles, sean vistos como cualquier persona por aquellos a quienes se aparecen. En otras palabras, si el ángel que se le apareció a la madre de Sansón no pareciera un israelita, ¿lo habría llamado ella "un hombre de Dios", como si fuera un profeta israelita? (Jueces 13:6).

Si hay ángeles que parecen "desconocidos" (Hebreos 13:2, NTV), entonces los ángeles aparecen como chinos a los chinos y como africanos a los africanos, y como estadounidenses a los estadounidenses. Eso significaría que hay los ángeles con apariencia de negros, así como de blancos —y probablemente de cada nacionalidad del mundo.

La Biblia no nos dice que todos los ángeles tienen alas. Esta idea de alas proviene de un versículo en donde Daniel dice que un ángel fue "volando con presteza" (Daniel 9:21). Sin embargo, ya que los ángeles no se mueven a través del espacio y el tiempo como nosotros, no sabemos que necesiten alas para volar. Lo cierto es que las personas que informan haber habían visto ángeles suelen observar que tienen alas.

Otros órdenes de seres celestiales llamados querubines, serafines y seres vivientes se describen con alas (Ezequiel 1:5-11, 1 Reyes 6:27). En el arte medieval se pintaron muchos ángeles con alas, pero estaban basados en la diosa griega Niké. Por lo tanto, creo que probablemente muchos ángeles no tengan alas.

Tanto la Iglesia Católica como los protestantes coinciden en que los ángeles no tienen cuerpos materiales. Son "puros espíritus, no compuesta de materia y forma, pero compuesto de esencia y existencia de la ley y de su potencialidad", escribió Aquino.[9]

En las religiones no cristianas, la idea del aspecto de los ángeles varía, particularmente con personalidades angélicas específicas tal como son percibidas o imaginadas por diferentes grupos.

Usualmente no somos conscientes de su presencia porque los ángeles no toman apariencia visible durante la mayor parte del tiempo. Hope Price, autor de *Angels: True Stories of How They Touch Our Lives* (Ángeles: historias reales de cómo afectan a nuestras vidas), cita a un ministro de Suffolk, Inglaterra, diciendo:

> Los ángeles suelen ser criaturas tímidas. Ellos son los mensajeros, por lo que no alardean. Si es posible, no aparecen.[10]

¿Son tímidos? ¿O están los ángeles realmente preocupados de que las personas puedan centrarse en ellos? ¿Son conscientes los ángeles de la propensión de los humanos a adorar a las criaturas en lugar de adorar al Creador? ¿Se dan cuenta de que la gloria de su apariencia puede causar tal temor que su mensaje sea opacado?

Billy Graham se preguntó: "¿Qué haría yo si viera un ángel?" Su respuesta fue:

> Dios es siempre imaginativo, extravagante y glorioso en lo que diseña. Algunas de las descripciones de ángeles, incluso la de Lucifer en Ezequiel 28, indican que ellos son exóticos para el ojo y la mente humanos. Aparentemente los ángeles tienen una belleza y variedad que supera todo lo conocido por los hombres.[11]

Los ángeles aparecen en las Escrituras en forma masculina, y la palabra *ángel* está siempre en el género masculino. En ninguna parte de la Biblia podemos leer de un ángel femenino. Incluso cuando se aparecieron a las personas como seres humanos ("ángeles desconocidos"), fue siempre en forma de hombres, no de mujeres.

La velocidad de los ángeles

Siempre me ha fascinado la diferencia entre un cuerpo terrenal y un cuerpo espiritual. En un cuerpo terrenal de carne y sangre, estamos limitados. Solo podemos viajar a ciertas velocidades, como en el compartimiento presurizado de un jet militar o una nave espacial. Si la velocidad (fuerza de gravedad) fuera incrementada, la presión desprendería la carne de nuestros cuerpos. También somos incapaces de atravesar materiales sólidos, como una pared. El mundo espiritual, sin embargo, no está limitado por las restricciones humanas. Los ángeles son espíritus y pueden moverse más rápido que la velocidad de la luz.

Ezequiel vio querubines en el cielo y dijo que "corrían y volvían a semejanza de relámpagos" (Ezequiel 1:13-14). La luz viaja a 186 000 millas por segundo. La tierra tiene aproximadamente 25 000 millas de circunferencia en el ecuador. Esto significa que la luz puede viajar alrededor de la tierra casi 7,5 veces en solo un segundo (186 000 millas por segundo dividido por 25 000). En el ámbito terrenal, si los ángeles pueden viajar a la velocidad de la luz, entonces pueden llegar a la escena de su tiempo de dificultad el momento que usted dice: "¡Ayúdenme!"

Permítame añadir que el espíritu no está limitado por paredes, puertas y demás objetos. Incluso Cristo en su cuerpo resucitado pudo atravesar una puerta que estaba cerrada (Juan 20:19). Hay un tipo de *transporte* más rápido que la velocidad de la luz, y es la velocidad del pensamiento. El mundo espiritual realmente puede viajar a la velocidad del pensamiento, la cual actualmente es imposible de determinar. Seres angélicos puede estar en el trono en el cielo e inmediatamente en la atmósfera por encima de la tierra. Cuando el ángel apareció a Daniel, y le informó que durante veintiún días la respuesta a su oración había sido obstaculizada por un espíritu demoníaco en el aire, el ángel dijo: "Desde el primer día en que comenzaste a orar … tu petición fue escuchada en el cielo. He venido en respuesta a tu oración" (Daniel 10:12, NTV). Las palabras de Daniel subieron desde Babilonia y fueron oídas el mismo día en el cielo. El ángel estaba llegando el mismo día con la respuesta pero se vio frenado por el malvado espíritu príncipe de Persia (Daniel 10:13). Los ángeles pueden viajar desde la parte más alta del cielo al borde del universo, a la Tierra y volver, solamente con pensar a dónde desean ir.

—PERRY STONE, *ÁNGELES EN MISIÓN*

EL PODER Y LA AUTORIDAD DE LOS ÁNGELES

Los ángeles son mucho más grandes que la humanidad en fuerza y poder (2 Pedro 2:11). No son todopoderosos como Dios, pero se les atribuye inusual fortaleza (Salmos 103:20; Mateo 28:2). Algunos de los elementos de la naturaleza están bajo control angélico en ciertos tiempos (Apocalipsis 7:1; 14:18).

Sus poderes derivan de Dios y son ejercidos de conformidad con las leyes del mundo material y espiritual:

- Removieron una piedra que podría haber pesado dos toneladas (Lucas 24:2-4).

- Cerraron las bocas de los leones (Daniel 6:22).

- Abrieron las puertas de la cárcel y libraron de cadenas (Hechos 12:7-10).

Fred Dickason, autor de *Angels: Elect and Evil* (Los ángeles: Escogidos y malignos), comentó que aunque los ángeles tienen poderes que son diferentes a los nuestros, Dios limita lo que ellos pueden hacer. Sin embargo, se les permite cierta libertad en la manera en que tratan con las personas a las que se los envía. Al parecer, cuanto más alto es el rango, mayor es la autoridad delegada en ellos para actuar.[12]

Creo que un ejemplo de un ángel ejerciendo la autoridad dada por Dios es el encuentro entre Gabriel y el sacerdote Zacarías. Es poco probable que Dios le haya dicho a Gabriel que dejara mudo a Zacarías durante meses si él respondía con incredulidad. Gabriel tenía libertad para manejar tales cosas como le pareciera. Al final, cuando llegó el bebé y le pusieron el nombre que el ángel le había dicho, el habla le fue restaurada a Zacarías (Lucas 1:20, 64). El resultado fue mucho honor y gloria a Dios, que es siempre el objetivo de los ángeles.

Ángeles de luz

Cualquiera que sea el grado en que exista, el orgullo dificulta el discernimiento y sin discernimiento, aceptamos falsificaciones. Un "ángel de luz" en términos bíblicos no es un ángel que aparece en una explosión de luz o de aspecto radiante o que tiene un halo alrededor de su cabeza. Un ángel de la luz, independientemente de cuál sea su apariencia, lo que diga o no, es un espíritu que presenta un evangelio distinto del que se encuentra en la Biblia. (Vea 2 Corintios 11:14-15 y Gálatas 1:8.)

El único estándar que tenemos para saber si un ángel es un ángel de Dios o un ángel de luz es si sus palabras y acciones se ajustan o no a las Escrituras. Un ángel de Dios está preocupado al máximo en promover los objetivos de Dios en la tierra. Por lo tanto, cualquier otro objetivo o resultado de una visita angélica debe hacer sospechar inmediatamente de la presencia de un ángel de luz.

Una mujer joven dijo que estaba deprimido desde una traumática experiencia emocional y clamó por ayuda divina. Más tarde, ella despertó y vio las luces del techo de su dormitorio brillando en la forma de una gran cruz dorada. Una voz dijo: "No temas, Yo soy el Señor".

Más tarde comenzó a tener experiencias psíquicas y sueños de lo que describe como sus vidas pasadas (reencarnación).[13] El resultado de la visión de la cruz dorada que la mujer tuvo no fue caminar más con Dios, sino la aceptación de "otro evangelio". Debido a su experiencia, ella también comenzó a dar consejos espirituales a otras personas.

Es cuando sentimos la mayor desesperación que debemos estar en guardia contra las tentaciones de Satanás. Cuando esta mujer tuvo un encuentro con lo sobrenatural, lo aceptó como de Dios sin juzgar la experiencia de acuerdo con las Escrituras. Yo creo que fue engañada por un ángel de luz.

¿Qué puede protegernos de ser engañados? Los cajeros de banco aprenden a distinguir el dinero falso del verdadero, no especializándose en la falsificación. Ellos estudian la cosa real hasta que no pueden aceptar un "dólar de luz" como un verdadero dólar. De la misma manera necesitamos estudiar la Palabra de Dios y conocer sus caminos, de manera que reconozcamos las falsificaciones de Satanás.

Además, no hay ningún sustituto de caminar lo suficientemente cerca del Señor en la oración para poder conseguir lo que algunos cristianos llaman "un cheque" o "un testimonio" del Espíritu Santo. Estas "luces rojas" y "luces verdes" nos dicen si algo estamos oyendo o leyendo es la cosa real. Entonces podemos seguir investigando el asunto para determinar lo que es correcto o incorrecto en él.

Los ángeles de Dios a menudo aparecen en la Biblia como mensajeros de Dios. Los ángeles de luz también llevan mensajes, pero no son de Dios. Sus mentiras comenzaron con dos grandes religiones que se practican hoy en día: El islam y el mormonismo.

—TERRY LAW

LA RELACIÓN DE JESÚS, LOS ÁNGELES, Y EL HOMBRE

Tanto las personas como los ángeles son responsables de obedecer y servir a Dios, y todos tendrán que rendirle cuentas a Él. Podemos fijarnos en la mayor sabiduría, conocimiento y poder, de los ángeles y pensar se nosotros mismos como inferiores. Sin embargo, los ángeles son curiosos acerca de nosotros.

- Ellos quieren comprender la redención (1 Pedro 1:12).

- Ellos observan los asuntos de los redimidos (1 Corintios 4:9; 11:10; 1 Timoteo 5:21).

- Ellos quieren obtener una mejor comprensión de la sabiduría de Dios tal como se muestra a través de la iglesia (Efesios 3:9-10).

- Ellos saben cuando el perdido se convierte en "encontrado" por Dios y se regocijan por su salvación (Lucas 15:10).

- Aparentemente, ellos están ocupados ministrando a la gente de diversas maneras, pero nosotros no tenemos que hacer nada por los ángeles.

En el futuro reino de Jesús, no se menciona que los ángeles vayan a reinar con Él, pero nosotros lo haremos (2 Timoteo 2:12; Apocalipsis 5:10; 20:6; 22:5).

El teólogo Lewis Chafer dijo que en el Antiguo Testamento los ángeles son llamados "hijos de Dios", mientras que los hombres son llamados "siervos de Dios". Esto se invierte en el Nuevo Testamento. Dice que eso puede deberse a que, en el Nuevo Testamento, los santos son vistos en relación a "su estado final de exaltación a la semejanza de Cristo, un estado superior al de los ángeles".[14]

La conclusión parece ser que ambos, los ángeles y los seres humanos nacidos de nuevo fueron diseñados para ser siervos de Dios, pero solo el hombre es llamado "hijo" de Dios a través de un pacto de sangre. En el Antiguo Testamento los ángeles son llamados "hijos de Dios", pero la relación es muy diferente a ser hijo de Dios a través de la sangre de Jesús (Hebreos 9:14-15).

JESÚS COMPARADO A LOS ÁNGELES

El Libro de Hebreos contrasta las posiciones relativas de Jesús y los ángeles con mucho cuidado. Los ángeles eran tenidos en alta consideración por los judíos de la época de Jesús, razón por la cual el autor de Hebreos aborda esta cuestión.

Hebreos 1:5-14 demuestra que Cristo es superior a los ángeles en la dignidad de su posición.

- Es el unigénito Hijo de Dios.

- Es el Hijo de David, quien heredó y cumplió la promesa de Dios a David.

- Es el actual Hijo del hombre reinante.

- Su trono está por encima de los ángeles.

- Él es eterno y no un ser creado. Aunque los ángeles no mueren, no han existido siempre, mientras que la Biblia nos dice que Jesús lo ha hecho.

- Él es el victorioso Rey y Sumo Sacerdote, mientras que los ángeles son "espíritus ministradores" asignados a prestar servicio a los que aceptan la salvación provista por Jesús.

- Él es gobernante del reino de Dios, mientras que los ángeles no tienen asignado dominio. Podemos ver que solo el unigénito Hijo de Dios podría derrotar a Satanás y sus ángeles caídos. En la cruz, Jesús derrotó y juzgó a todas las malignas fuerzas angélicas que luchan contra Dios (Juan 12:31-33; 16:11; Hebreos 2:14).

A causa de eso, Jesús es declarado Señor sobre todos, y toda rodilla en el cielo y en la tierra y debajo de la tierra se inclinara ante él, y toda lengua confesará que Él es el Señor, para gloria de Dios (Filipenses 2:9-11). Nunca debemos adorar a los ángeles, sino más bien sumarnos a los ángeles para adorar a Jesús.

Haciendo autostop con un ángel

Una vez compré una camioneta, y era algo especial para mí: era mi vehículo soñado. Realmente lo quería. Me dije a mi mismo: "Dios quiere que la tenga. Voy a guardar mi dinero, y cuando tenga suficiente, voy a poder comprar esta camioneta". En esa época me encantaban las camionetas, así que cuando vi esta en particular en el periódico —y realmente tenía muy buen precio, como $3000 por debajo del precio mayorista— pensé: "Es esta".

Pero primero un poco de historia. Yo tenía un amigo que había visto un Mercedes Benz para la venta en el periódico por $500. Fue a ver a la mujer que lo anunciaba, y le dijo: "Sé que esto tiene que ser un error. Yo sé que realmente lo está vendiendo a $50 000"…Pero ella dijo: "No. La verdad es que son $500". Cuando él le preguntó qué era lo que estaba mal con él, dijo: "No hay nada. Está perfecto. Su condición es impecable, pero mi marido se ha fugado con su secretaria y me ha dicho que venda el coche y le envíe el dinero que obtenga por él. Así que estoy vendiendo el coche por $500, y le voy a enviar el dinero".

Así que cuando vi en el periódico la camioneta, a $3 000 por debajo del precio mayorista, pensé: "¡Esto es como eso! ¡Voy a conseguir esta camioneta!" Fui a verla, y todo era brillante y limpio. Tenía todo lo que yo quería. Por lo que pagué el dinero y obtuve la camioneta.

Decidí manejar a West Texas donde estaba invitado a hablar en una iglesia. En un momento dado había manejado tan lejos sin haber visto nada por veinte millas. Ni siquiera una vaca. Era desolado. No pasaba nada. Y fue ese el momento en que mi camioneta comenzó a lentificarse. Empujé el acelerador, pero se desaceleró por completo. Miré por el espejo y vi que salía humo de debajo de la camioneta, y me di cuenta de que se había quemado la transmisión. Se había quemado. Y allí estaba yo en medio de la desolación de West Texas. No había nada ni nadie.

"Señor", pregunté, "¿por qué permitiste que esto suceda? Yo soy tu siervo. Estoy yendo a hablar en esta iglesia. Tengo que estar allí esta noche. Debo hablar esta noche. ¿Por qué dejas que me suceda esto?"

Y el me Señor respondió. Dijo: "Yo no dije que compraras este vehículo".

"Pero Señor", le contesté, "era el precio justo. Era todo lo que yo quería".

"No te dije que compraras esta camioneta", repitió Él.

"Bien, señor, OK, lo siento. Soy yo. Siento haberla comprado", le contesté. "Pero, Señor, ayúdame. Tengo que estar en la iglesia esta noche. Por favor, ayúdame".

Yo aun no había terminado esa oración cuando sobre una pequeña altura del camino vi venir un coche viejo, viejo, como de 1960. Simplemente fue cuestión de esperar. Lo conducía un hombre que parecía un agricultor. Se detuvo, me miró y dijo: "Muchacho, no es su día de suerte, ¿verdad?"

"No, señor, no", le dije. "He cometido un error al comprar este vehículo".

"Bien, creo que lo hizo", dijo. "¿A dónde va?"

"Usted no conoce el lugar", le dije, suponiendo que no lo haría. "Voy a esa pequeña ciudad que se llama Floydada, Texas".

"Yo sé exactamente donde es", dijo. "Voy derecho allí, hijo. Suba y lo llevaré".

Así que subí, y me condujo a Floydada, Texas. Me dejó en la iglesia, y cuando salí de su coche, di dos pasos en la acera y me volví para darle las gracias y… ya se había ido.

Quiero decir, el coche se había ido. El hombre se había ido. No había nada. El coche no se había ido conducido, había desaparecido. Dos segundos, dos pasos. Ya se había ido.

Yo había recibido a un ángel "desconocido", como dicen las Escrituras —hasta ese momento en que miré atrás y me di cuenta: "Oh, Dios mío. ¡Era un ángel!"

—John Paul Jackson, fenecido autor y
fundador de Streams Ministries International

Capítulo 2

LA NATURALEZA DE LOS ÁNGELES

Por James W. Goll

LA EXISTENCIA DE los ángeles ha sido reconocida por gente de muchas culturas y muchas religiones a través de toda la civilización humana. En otras palabras, la tradición judeo-cristiana no puede reclamar exclusividad respecto a ellos. Pero podemos afirmar que tenemos la asociación más cercana con ellos, porque estamos trabajando juntos para traer el gobierno y el reino de Dios al mundo.

Por sobre todo, los ángeles existen para servir a Dios. El propio nombre *ángel* denota una de sus funciones, la de ser un "mensajero" de Dios. Este es el modo como San Agustín, influyente predicador y padre de la iglesia, describió los ángeles en un sermón que predicó en el norte de África a finales del siglo IV.

> "Los ángeles son espíritus", dice San Agustín, "pero no es porque sean espíritus que son ángeles. Se conviertan en ángeles cuando son enviados, pero el nombre ángel se refiere a su oficio, no a su naturaleza. Usted pregunta el nombre de esta naturaleza: es ser *espíritu*; pregunta por su oficio, es ser un ángel (es decir, un mensajero). En la medida en que existe, un ángel es un espíritu; en la medida en que actúa, que es un ángel". La palabra "ángel" viene de una palabra griega que significa "mensajero". En las Escrituras del Antiguo Testamento, el nombre [hebreo] más frecuentemente utilizado para designar a los ángeles es *malák*, que significa mensajero o delegado.
>
> Este nombre genérico, "ángel", no revela nada sobre la verdadera naturaleza de esos seres celestiales más allá del hecho de que ocasionalmente son enviados a una misión

como mensajeros o delegados de Dios a los hombres Les ha sido dado el nombre de mensajeros de la función y oficio que más comúnmente cumplen con los hijos de Dios aquí en la tierra. "Ciertamente de los ángeles dice: *'El que hace a sus ángeles espíritus, y a sus ministros llama de fuego'.*" (Hebreos 1:7).[1]

Los ángeles no son omniscientes (saberlo todo), omnipresentes (estar en todas partes), u omnipotentes (todopoderosos), como Dios es. Pero tienen mucho mayor conocimiento, disponibilidad y poder que nosotros. De hecho, una gran parte de nuestra experiencia de la gloriosa, poderosa presencia de Dios depende de los ángeles que la transmiten y manifiestan a nosotros. Los seres humanos también existimos para servir a Dios, pero somos mucho más limitados en nuestro alcance sobrenatural que nuestros compañeros de trabajo, los ángeles.

MÁS FORMAS DE DEFINIR A LOS ÁNGELES

En los muchos libros que se han escrito acerca de los ángeles, son descritos en una variedad de maneras. He aquí una muestra de lo que otros han dicho acerca de la naturaleza de estos seres celestiales conocidos como ángeles:

Martín Lutero, reformador alemán (1483-1546): "Un ángel espiritual es una criatura espiritual creada por Dios sin un cuerpo, para el servicio de la Cristiandad y de la iglesia".[2]

Juan Calvino, reformador francés (1509-1564): En muchos lugares de las Escrituras leemos que los ángeles son espíritus celestiales, de cuyo ministerio y servicio usa Dios para llevar a cabo todo cuanto Él ha determinado; y de ahí se les ha puesto el nombre de ángeles, porque Dios los hace sus mensajeros para manifestarse a los hombres. E igualmente otros nombres con los que también son llamados proceden de la misma razón. Se les llama ejércitos (Lucas 2:13), porque como gente de su guardia están en torno de su Príncipe y Capitán, y realzan su majestad y la hacen ilustre; y, así como los soldados siempre están atentos a la señal de su jefe, así ellos están también preparados para ejecutar lo que les ordenare, o por mejor decir, tienen ya puesta la mano a la obra. Y porque ejerce y administra por ellos su dominio, unas veces se les llama principados, otras potestades, y otros dominios (Efesios 1:21; Colosenses 1:16)

"los ángeles son dispensadores y ministros de la liberalidad de Dios para con nosotros. Por ello cuenta que velan por nuestra salvación, que toman a su cargo nuestra defensa y el dirigirnos por el buen camino, que tienen cuidado de nosotros para que no nos acontezca mal alguno Y siempre que el Señor quiso librar a su pueblo de las manos de sus enemigos, se sirvió de sus ángeles para hacerlo

"…los ángeles son espíritus al servicio de Dios, de cuyo ministerio se sirve para defensa de los suyos, y por los cuales dispensa sus beneficios a los hombres y hace las demás obras (Hebreos 1:14)".[3]

La perspectiva contemporánea contraría a la tradicional. Esta cita es de un libro de Margaret Barker, una pastora metodista que es la ex presidenta de la Sociedad para el Estudio del Antiguo Testamento y erudita en hebreo: "ángel" significa mensajero, y los humanos experimentan a los ángeles principalmente como mensajeros. Pero esto no es lo que ellos 'son': esto es lo que hacen. Los ángeles existen para alabar a Dios y los seres humanos que experimentan su presencia están siendo guiados hacia este universal himno de alabanza. Los místicos y videntes han escuchado su canción y los que responden al mensaje de los ángeles se mueven inevitablemente hacia la armonía que los ángeles representan, la 'paz en la tierra' de los ángeles de Belén. Al participar en el canto de los ángeles, los corazones y las mentes humanos están conectados a la energía invisible de la creación, y sus vida son renovadas".[4]

Billy Graham, portavoz del evangelicalismo del siglo XX: "Los ángeles pertenecen a una dimensión de la creación extraordinariamente diferente que nosotros, limitados al orden natural, difícilmente podemos comprender. En este dominio angélico las limitaciones son diferentes de las que Dios ha impuesto a nuestro orden natural. Él ha dado a los ángeles mayor conocimiento, poder y movilidad que a nosotros Ellos son mensajeros de Dios cuya principal actividad consiste en llevar a cabo sus órdenes en el mundo. Él les ha dado un cargo de embajadores. Los ha designado y dotado de poder como santos diputados para realizar obras de justicia. De esta manera, ellos asisten a su Creador mientras él soberanamente controla el universo. Por lo que les ha dado la capacidad de llevar sus santas empresas a una exitosa conclusión".[5]

Perspectiva judía contemporánea: "En el judaísmo un ángel es una entidad espiritual al servicio de Dios. Los ángeles juegan un papel prominente en el pensamiento judío a lo largo de los siglos

"Cantidad de numinosas criaturas subordinadas a Dios aparecen a través de la Biblia Hebrea; el malák (mensajero/ángel) es solo una variedad. Otros, que se distinguen de los ángeles, incluyen irinim (vigilantes/altos ángeles), querubines (fuertes), sarim (príncipes), serafines (ardiente), chayyot ([santas] criaturas), y ofanim (ruedas). Términos colectivos de toda la gama numinosa que sirve a Dios incluye: Tzeva (portador), B'nei ha-Elohim o B'nai Elim (hijos de Dios), y Kedoshim (santos). Ellos están constituidos en una *Edá El*, una asamblea divina (Salmos 82; Job 1). En la Biblia un número selecto de ángeles (tres para ser exactos) tienen nombres. Son Miguel, Gabriel y Satanás.

"Los ángeles pueden venir en una maravillosa variedad de formas, aunque la Biblia omite con frecuencia establecer una descripción de todos ellos (Jueces 6:11-14; Zacarías 4). En la mayoría de las historias bíblicas (Números 22) aparecen humanoides que, como tales, a menudo no se distinguen de los seres humanos (Génesis 18; 32:10-13; Josué 5:13-15; Jueces 13:1-5), pero también pueden manifestarse como columnas de fuego y nube, o como fuego en una zarza (Éxodo 3). Los Salmos los caracterizan fenómenos naturales, como un relámpago, como mensajeros de Dios (Salmo 104:4). Otras criaturas divinas parecen ser partes aladas del trono de Dios (Isaías 6) o del carro divino (Ezequiel 1). La apariencia de los querubines es lo suficientemente conocida como para ser artísticamente representados en el Arca de la Alianza (Éxodo 25). Tal vez la criatura más ambigua es el Malák Adonai, un ángel que puede o no ser una manifestación visible de Dios.

"Los ángeles bíblicos cumplen una variedad de funciones, que incluyen transmitir información a los mortales, proteger, rescatar y cuidar a los israelitas, y aniquilar a los enemigos de Israel".[6]

¡Cuán multifacéticos son los ángeles de Dios! Lo que me hace irrumpir en alabanza al Dios cuyo reino es tan infinitamente maravilloso.

Dejemos que las citas anteriores nos lancen a debatir más a fondo sobre la naturaleza de los ángeles.

DESCRIPCIONES DE ÁNGELES

Sin duda usted se da cuenta ahora de que la mayor parte de los ángeles, si no todos ellos, *no* se parecen a las interpretaciones contemporáneas de nuestras almibaradas tarjetas de Navidad y de San Valentín. Nada más lejos de la realidad. Ellos frecuentemente parecen asumir una forma humana, pero no suele ser una forma femenina o infantil. Los ángeles *no* son todos rubios, y no necesariamente tienen alas. Son *mucho* más impresionantes que esa versión "simplona".

¿Qué aspecto tienen, cómo suenan, cómo actúan? ¿Cómo podemos describir lo que sabemos sobre la naturaleza de los ángeles?

Los ángeles son seres personales. Note que no he dicho que son "personas". Son seres personales, y poseen:

- Voluntad personal (1 Pedro 1:12)

- Mentes inteligentes (2 Samuel 14:17, 20)

- Respuestas emocionales, como gozo (Hebreos 12:22; Lucas 15:10) y beligerancia (Judas 9; Apocalipsis 12:7)

Los ángeles son incorpóreos e invisibles. La palabra *incorpóreo* significa "falta de forma material o sustancia". Los ángeles parecen tener algún tipo de cuerpos, pero no de la clase que usted puede aferrar. Algunos de los eruditos judíos de la Iglesia primitiva describen a los ángeles como teniendo cuerpos "luminosos" o "ardientes". En la mayoría de los casos, siguen siendo invisibles al ojo humano.

Debido a que sus cuerpos no están compuestos de una

sustancia material como los nuestros, los ángeles no saben lo que es enfermar, envejecer o morir.

Los ángeles pueden aparecer como hombres. De acuerdo a Mateo 1:20; Lucas 1:11, 26-28; y John 20:12, los ángeles pueden aparecer a los seres humanos, aunque normalmente son invisibles para nosotros. Su semejanza puede ser tan realista que a veces pueden ser tomados por seres humanos. (Ver Hebreos 13:2.)

Los ángeles pueden hablar con nosotros, en nuestras propias lenguas. El ángel Gabriel, por ejemplo, tuvo breves conversaciones en primer lugar con el sacerdote Zacarías (Lucas 1:11) y luego con María (Lucas 1:26). A lo largo de este libro, usted va a leer relatos contemporáneos de personas a quienes les hablaron ángeles.

Los ángeles tienen limitaciones espaciales. Aunque puede moverse de un lugar a otro mucho más eficazmente que nosotros, los ángeles no son omnipresentes. Solo Dios es omnipresente. Los ángeles parecen estar en un solo lugar en un momento dado, no en todos lados; están localizadas. También son algo limitados respecto a cuándo y con qué rapidez pueden aparecer.

Daniel 9:21-23 describe a Gabriel en "raudo vuelo" para viajar desde el cielo para visitarlo. Esto implica un marco de tiempo y espacio. Gabriel no apareció a Daniel tan pronto como Daniel oró. A pesar de que el ángel viajó "con rapidez", tardó un tiempo para llegar allí en respuesta a la oración de Daniel, lo que indica que el ángel tenía una gran distancia a recorrer.

Los ángeles son poderosos pero no omnipotentes. "Ustedes los poderosos que llevan a cabo sus planes", es lo que el Salmo 103:20 (NTV) dice de ellos. Leemos en Mateo 28:2-7 cómo los ángeles removieron la gigantesca piedra de la parte frontal del sepulcro de Jesús. (Esta rueda de granito debía tener de cinco a ocho pies de diámetro y un pie de espesor, y habría pesado varios miles de libras.)

Así que los ángeles son mucho más poderosos que nosotros los seres humanos. Sin embargo, tienen mucho menos poder que Dios mismo. De hecho, son totalmente dependientes de Dios para su fuerza, y siempre ejercer su fuerza al servicio de Él.

Los ángeles son obedientes. Los ángeles son un ejemplo para nosotros en la forma en que obedientemente realizan la voluntad de Dios. En esencia, ayudan a responder a la Oración del Señor: "Venga tu reino. Hágase tu voluntad en la tierra como en el cielo" (Mateo 6:10).

El Salmo 103:20 se dirige directamente los ángeles diciendo: "Alaben al SEÑOR, ustedes los ángeles, ustedes los poderosos que llevan a cabo sus planes, que están atentos a cada uno de sus mandatos" (NTV).

Los ángeles son inmortales. Como ya he mencionado anteriormente, los ángeles no mueren. Desde que se crearon, nunca dejaron de existir. Gabriel le apareció a Daniel. (Vea Daniel 9.) Quinientos años más tarde, este mismo ángel llamado Gabriel les apareció a Zacarías y luego a María (Lucas 1). Gabriel no había envejecido. Este no era Gabriel hijo. Fue el mismo ángel dos veces, y sigue siendo el mismo hoy, como hace más de dos mil años cuando anunció los nacimientos de Juan el Bautista y de Jesús.

Lucas alude a la inmortalidad de los ángeles:

> —La gente de este mundo se casa y da en casamiento —les contestó Jesús—. Pero en cuanto a los que sean dignos de tomar parte en el mundo venidero por la resurrección: ésos no se casarán ni serán dados en casamiento, *ni tampoco podrán morir, pues serán como los ángeles.*
> —LUCAS 20:34-36, NVI, ÉNFASIS AÑADIDO

Piense en esto. En la actualidad siguen estando disponibles los mismos ángeles que frenaron el Mar Rojo para los hijos de Israel, que atascaron las ruedas de los carros de Faraón. El mismo ángel que está descrito en Ezequiel 9:3-6 como marcando las frentes de las personas que gimen y claman por el bienestar de las ciudades (en otras palabras, los intercesores) hoy siguen poniendo marcas en las frentes (en otras palabras, siguen señalando a los intercesores por su servicio a Dios).

¿Cree usted cree que proclamar el nacimiento del Señor en Belén fue la única asignación para los ángeles? ¿Cree usted que ellos habían esperado eones hasta ese día, solo para después retirarse al cielo? No lo creo. Creo que esas mismas huestes celestiales siguen participando activamente en anunciar buenas noticias. Los ángeles siguen estando en misión, los mismos, no una nueva generación de ellos.

Datos interesantes acerca de los ángeles

Hay varios datos interesantes acerca de los ángeles que se encuentran a través de las Escrituras. Entre estos se incluyen los siguientes:

- Los ángeles no necesitan descansar (Apocalipsis 4:8).
- Los ángeles pueden ser visibles e invisibles (Números 22:22; Hebreos 13:2).
- Los ángeles pueden descender a la Tierra y ascender al cielo (Génesis 28:12; Juan 1:51).
- Los ángeles tienen un lenguaje propio (1 Corintios 3:1).
- Los ángeles son innumerables (Hebreos 12:22).
- Los ángeles visten prendas blancas (Juan 20:12).
- Los ángeles comen un alimento llamado *maná* (Salmos 78:25).
- Los ángeles pueden aparecer a veces en forma humana (Hebreos 13:2).

—PERRY STONE, *ÁNGELES EN MISIÓN*

FUNDAMENTOS DE LOS ÁNGELES

Antes de ir mucho más lejos, quiero estar seguro de cubrir todos los detalles que conocemos sobre los ángeles. La mayoría de nosotros ya conocemos estas cosas, pero es útil recopilar todo en un mismo lugar, para no hacer falsas suposiciones acerca de la esencia de los ángeles.

Alas. Los ángeles pueden tener o no tener alas. En la Biblia, vemos algunos ángeles con dos alas, algunos con cuatro, y algunos con seis. (¡No me pregunten cómo trabajan aerodinámicamente tantas alas!) También ver algunos ángeles sin alas, que caminan como hombres o simplemente aparecen de la nada.

Vestimenta. Los ángeles usan ropa blanca, normalmente deslumbrantemente blanca. Los ángeles de blancas túnicas que aparecieron en la tumba de Jesús (Lucas 24:4) suelen ser llamados los ángeles de la resurrección, y personalmente creo que son los mismos que aparecieron cuando Jesús ascendió al cielo (Hechos 1:10). Pero la ropa angélica no es necesariamente siempre blanca. Cuando los ángeles aparecen en forma de hombres, visten cualquier ropa apropiada a la situación, como se puede ver a lo largo de la Biblia y en relatos actuales.

Rayo. ¡A veces los ángeles son demasiado brillantes para que la gente diga qué tipo de prendas llevan! Jesús dijo que vio "a Satanás caer del cielo como un rayo" (Lucas 10:18). Ezequiel escribió:

> Y miré, y he aquí venía del norte un viento tempestuoso,
> y una gran nube, con un fuego envolvente, y alrededor
> de él un resplandor, y en medio del fuego algo que parecía como bronce refulgente y centelleaban a manera de
> bronce muy bruñido Y los seres vivientes corrían y volvían a semejanza de relámpagos.
>
> —EZEQUIEL 1:4, 7, 14

Apariencia como de personas. Los ángeles pueden mirar, hablar, actuar y vestir como personas normales de diversas culturas y orígenes étnicos. Hay numerosos informes sobre esto. En la Biblia, los relatos aparecen tan tempranamente como en el Libro de Génesis, cuando Lot recibió con honor a dos ángeles. Pero los malvados hombres de Sodoma querían tener relaciones sexuales con ellos (es decir, pensaban que realmente eran hombres), y ellos probaron ser ángeles por la manera en que metieron a Lot en la seguridad de la casa. (Vea Génesis 19:1-10.) El pasaje bíblico más frecuentemente citado respecto a ángeles que parecen personas comunes es

Hebreos 13:2: "No os olvidéis de la hospitalidad, porque por ella algunos, sin saberlo, hospedaron ángeles".

El habla de los ángeles. Los ángeles hablan el idioma de usted. Pueden hablar cualquier lenguaje o dialecto humano que sea necesario. También hablan en una forma de lenguaje que no es totalmente conocido para nosotros. (Recuerde la frase "lenguas humanas y angélicas" de 1 Corintios 13:1.)

A veces los ángeles susurran. A veces hablan en un tono de voz normal. A veces abren la boca y gritan más fuerte de lo que cualquier ser humano podría hacerlo. Pueden mantener una conversación con la gente. Su mayor alegría es difundir las alabanzas de Dios.

Los ángeles tocan instrumentos musicales. En particular, sabemos que tocan trompetas, que por supuesto concuerdan con su papel como mensajeros que proclaman y anuncian el advenimiento del reino de Dios. (Vea, por ejemplo, 1 Tesalonicenses 4:16.) En la revelación apocalíptica de Juan, leemos: "Y vi a los siete ángeles que estaban en pie ante Dios; y se les dieron siete trompetas… Y los siete ángeles que tenían las siete trompetas se dispusieron a tocarlas" (Apocalipsis 8:2, 6).

Vientos y fuego. De acuerdo a Hebreos 1:7, que cita el Salmo 104:4: "Él envía a sus ángeles como los vientos y a sus sirvientes como llamas de fuego" (NTV). Viento y el fuego son frecuentemente asociados con la aparición de ángeles.

REINOS CELESTIALES Y TERRENALES

A veces me parece que el invisible velo que separa el reino celestial (eterno) del reino terrenal (temporal) es cada vez más delgado. Parece que entre los dos reinos hay más visitas de ida y vuelta que las que nos damos cuenta.

Sabemos que el reino celestial no pasará, mientras que el reino terrenal, en algún momento, será devorado por el fuego. Es por eso que el planeta Tierra es llamado "temporal", ya que es temporario. ¿Dónde termina este mundo temporal y comienza la eternidad? No se lo puede decir, porque la mayor parte del reino de Dios está aquí ahora. No tenemos que esperar a morir para experimentarlo. Ya está aquí. Eso es lo que Jesús tenía en mente cuando nos enseñó a orar: "Venga tu reino. Hágase tu voluntad, como en el cielo, así también en la tierra" (Lucas 11:2). Cuando oramos así, estamos pidiendo a Dios, como hijos suyos, que envíe refuerzos.

En el cielo, ellos están esperando para venir en nuestra ayuda, y pasan fácilmente del reino eterno al reino temporal. No los podemos ver, pero esto no significa que no hayan venido. (¡O *podemos* ver o sentir su cercanía, sin que signifique que estemos locos!)

Es imposible analizar minuciosamente y describir en sus mínimos detalles cómo funciona esto. Una razón es que el reino de Dios está vivo y activo. Las cosas siguen cambiando y cambiando. No se puede detener lo que pasa lo suficiente como para entender todo esto más de lo que un estudiante de biología puede fijar y diseccionar una saludable criatura viva.

Recuerdo una vez en que estaba ministrando en Ohio, en una iglesia Episcopal llena del Espíritu. Yo miraba a la audiencia, y pude ver una brillante luz sobre una determinada persona. Yo no sabía nada, pero me sentí atraído por esta persona, y comencé a hablar. Luego hice una pausa y no dije nada, porque no sabía qué decir. Desde el costado, había oído una palabra dicha solo para mí. Ningún otro la oyó. Pero había oído como si se tratara de una voz exterior, audible. Había oído: "Su nombre es Ana". Así que empecé a hablar nuevamente. Dije: "Usted tiene una unción de Ana, como Ana en Lucas 2. Está dedicando su vida al Señor. De hecho, ¡su nombre *es* Ana!" Ella terminó cayendo de la silla al suelo, adorando a Dios.

Quizás fue el don de palabra de conocimiento en operación, o puede haber sido un ángel mensajero justo allí me da un pequeño anticipo, una especie de instructivo del cielo. Alguien me habló y me dijo: "Su nombre es Ana". Claro que sentí que tenía ayuda celestial.

ÁNGELES EN BENNINGTON, VERMONT

Oscar Caraballo, un pastor de Puerto Rico pero que vive en Vermont, ha visto ángeles en completo Technicolor. Danny Steyne de Mountain of Worship en Columbia, Carolina del Sur, escribió este relato después de la Conferencia de Oración de la Vermont School de Burlington, Vermont, en 2006. Durante la noche del miércoles 14 de junio de 2006, Oscar comenzó a experimentar una serie de eventos, en todos los cuales participaron ángeles y en todos los cuales estuvieron implicadas palabras sobre que la gloria del Señor fue desatada en Vermont y los circundantes estados del noreste. Después de una noche llena de incidentes extraordinarios, comenzó a desplegarse la siguiente serie de eventos:

"[Un] ángel vino y me dijo que esperara más instrucciones del Señor. Danny Steyne se acercó a mí y me dijo que el Señor le dijo que me dijera: '¡Tienes que ir!' El ángel vino una vez más y me dijo: 'Ve a Bennington, VT, ¡ahora!' Eran las 23:00 por entonces y el viaje Bennington era de 3 horas".

Tres horas más tarde, Oscar llegó a Bennington. El Señor le dijo que fuera al edificio de la iglesia del centro de Bennington, y que no fuera a su casa.

Abrió la puerta y comenzó a experimentar una fenomenal visitación del Señor.

"Abrí la puerta y para mi sorpresa en el medio de la iglesia estaban parados siete ángeles de FUEGO. A mi lado derecho estaba un poderoso ángel. Me dijo que su nombre es Gabriel y me presentó a los ángeles de FUEGO. Me dijo que esos eran los ÁNGELES DEL PACTO de Jehová. Dijo que el poder se libera cuando ellos se combinan y trabajan juntos. Uno de los ángeles vino directamente hacia mí y me dijo: "Yo soy el que hace que las cosas sucedan" Ellos llevaban los colores del arco iris, siempre parados de derecha a izquierda: Violeta [realeza], Índigo [soberanía], Azul [guerra espiritual], Verde [crecimiento], Amarillo [misericordia], Naranja [adoración], Rojo [pacto, la sangre de Jesús]…pero todos ellos trabajan juntos.…

"Cada uno de estos ángeles tenía una apariencia muy inocente, pero muy poderosa. También eran los ángeles más amorosos con que me he encontrado. ¡Me ayudaron a enamorarme más y más de Dios! Había mucho amor en ellos".[7]

Estos ángeles llevaron a Oscar en un tour por el Monte Snow y las montañas que rodean Nueva Inglaterra. Vio carros de fuego y se enteró de lo que sucedería en el futuro cercano. Aquí hay otras dos interesantes partes de su historia:

> A lo largo de esta experiencia, Oscar dice que ellos [los ángeles] estaban intrigados por la forma en la que nosotros sudábamos. ¡Que no paraban de decir que estamos hechos de agua viviente! Le tocaban la frente a Oscar cuando traspiraba y le decían que ellos siempre hacen el esfuerzo de tocar el sudor de los hijos de Dios ¡porque les resulta maravilloso!
>
> Uno de los ángeles le dijo que la razón por la que se los puede ver ahora es que la lluvia había parado… ¡tal como se puede ver un arco iris después de la lluvia! La tierra había sido saturada por la lluvia que ha estado cayendo durante años, junto con las oraciones. Afirmó que le habían dicho que el Mount Snow, siempre está cubierto de nieve, y que ahora está saturado, y que vendría un avivamiento en forma de un "manantial de aguas vivientes que provendrían de la tierra".[8]

La última línea del relato de Danny Steyne suena muy parecido a la forma que tiene el Señor de hacer las cosas: "Él [Oscar] le pregunta al Señor por qué le hablaba a él, y la respuesta del Señor fue: '¿Por qué no?'".[9]

Ciertamente, ¿por qué no? Seamos más abiertos a oír a Dios. Parece ser nuestro privilegio frecuentemente descuidado hacer equipo con el Señor y sus ángeles. Además, es bueno llegar a conocer un poco a nuestros compañeros, ¿no le parece?

Capítulo 3

CARACTERÍSTICAS DE LOS ÁNGELES

Por James W. Goll

LA PALABRA ÁNGEL o ángeles se utiliza trescientas veces en la Biblia, y hay ciento cuatro encuentros angélicos registrados en las Escrituras. Eso es mucho, sobre todo considerando que eso es solo un muestreo representativo. El Libro de Apocalipsis registra el mayor número de encuentros: el apóstol Juan y otros observaron, escucharon, o interactuaron con ángeles cincuenta y dos veces. No hay dos de estos encuentros que sean idénticos.

Una de las cosas que aprendemos de los encuentros bíblicos es que los ángeles no fueron creados todos iguales. Fueron creados por Dios para ocupar determinadas posiciones asignadas u "órdenes", si se quiere. Sus asignaciones corresponden a su nivel de autoridad y estatus en el reino de Dios. Haremos bien en respetar ese hecho, aunque indudablemente no alcanzamos a comprender o dividir esta realidad con total precisión. No es fácil definir algo que sigue siendo en gran medida invisible a nuestros ojos terrenales.

LOS ÓRDENES DE ÁNGELES

De la temprana iglesia medieval, que hemos heredado una idea más o menos definida de los órdenes de los ángeles. San Gregorio Magno, que es conocido como uno de los doctores de la iglesia y que murió en 604, escribió sobre nueve órdenes de ángeles:

> Sabemos por la autoridad de las Escrituras que existen nueve órdenes de ángeles, a saber: ángeles, arcángeles, virtudes, potestades, principados, dominaciones, tronos, querubines y serafines. Casi todas las páginas de la Biblia nos dicen que existen ángeles y arcángeles, y los libros de los profetas

hablan de querubines y serafines. También San Pablo, al escribir a los Efesios enumera cuatro órdenes cuando dice: "sobre todo principado, potestad, virtud y dominación" (BJ); y en otra ocasión, escribiendo a los Colosenses dice: "sean tronos, sean dominios, sean principados, sean potestades". Si unimos estas dos listas, tenemos cinco órdenes, y si agregamos los ángeles y arcángeles, querubines y serafines, tenemos nueve órdenes de ángeles.[1]

Santo Tomás de Aquino, también doctor de la iglesia (del siglo XIII), describe en su tratado *Summa Theologica* tres jerarquías de ángeles. El rango de cada jerarquía fue determinado sobre la base de la proximidad de los ángeles de Dios, y cada una de las tres jerarquías contenía tres órdenes de ángeles. Santo Tomás incluye los serafines, querubines y tronos en la primera jerarquía; los dominios, virtudes y poderes en la segunda; y los principados, arcángeles, ángeles y en la tercera y más alta jerarquía.[2]

Arcángeles

Los arcángeles están (metafóricamente hablando) en el peldaño superior de la escala corporativa de los ángeles. El término *arcángel* indica que están cubriendo a otros ángeles que están *por encima de otros* ángeles.

En realidad conocemos por su nombre al menos dos de ellos: los arcángeles Gabriel y Miguel. La palabra *arcángel* se ha utilizado específicamente solo una vez seguida por el nombre de un ángel y es en Judas 9, con referencia a Miguel: "Cuando el arcángel Miguel contendía con el diablo, disputando con él por el cuerpo de Moisés, no se atrevió a proferir juicio de maldición contra él, sino que dijo: El Señor te reprenda'".

Varias tradiciones cristianas nombran otros arcángeles, como Rafael, Uriel y Lucifer, el nombre original de Satanás antes de caer en rebelión contra Dios.[3]

En las Escrituras, en lugar del nombre *arcángel*, vemos con más frecuencia la expresión "querubín grande que cubre". Considere, por ejemplo, este pasaje de Ezequiel acerca de Lucifer:

En Edén, en el huerto de Dios estuviste. De toda piedra preciosa era tu vestidura: De cornerina, topacio, jaspe y crisolito, de berilo y ónice; zafiro y carbunclo, de esmeralda y de oro. Los primores de tus panderos y flautas estuvieron preparados para ti en el día de tu creación.

Tú, *querubín ungido, protector*, Yo te constituí para esto. En el santo monte de Dios estuviste; En medio de las piedras de fuego te paseabas. Perfecto eras en todos tus caminos desde el día que fuiste creado, hasta que se halló en ti maldad.

A causa de la multitud de tus contrataciones fuiste lleno de iniquidades, y pecaste. Por tanto Yo te degrado del monte de Dios, y te destruyo, oh *querubín protector*, de en medio de las piedras del fuego.

—EZEQUIEL 28:13-16 (BTX), ÉNFASIS AÑADIDO

El término *arcángel* aparece en 1 Tesalonicenses 4:16: "Porque el Señor mismo descenderá del cielo con voz de mando, con voz de arcángel, y con trompeta de Dios. Y los muertos en Cristo resucitarán primero". Y los nombres de Gabriel y Miguel pueden ser vistos a través del Antiguo y Nuevo Testamento en relatos de encuentros angélicos como Daniel (Daniel 8-10; 12); Zacarías (Lucas 1:19); la visitación a María, la madre de Jesús (Lucas 1:26); en relatos tales como Apocalipsis 12:7 ("Entonces estalló la guerra en el cielo. Miguel y sus ángeles luchaban contra el dragón; y luchaban el dragón y sus ángeles"); y el noveno versículo del libro de Judas, que he citado previamente.

De vez en cuando, las personas que han recibido la visita de un arcángel. A fines de la década de 1970, un hombre de Boise, Idaho, llamado Roland Buck escribió un libro llamado *Angels on Assignment* (Ángeles con asignaciones). En este libro cuenta historia tras historia de verdaderos encuentros con mensajeros celestiales de Dios, incluyendo algunos encuentros con el propio arcángel Gabriel. Le recomiendo su libro.

Nombres de ángeles

Estos tres arcángeles —Miguel, Gabriel y el caído Lucifer (y el puñado de otros, en función de su tradición)— son los únicos mencionados por nombre en las Escrituras. ¿Creo que *todos* los ángeles tienen nombre? Esa es una pregunta muy interesante. Algunas personas creen que lo tienen, aunque no sé cómo podemos estar tan seguros. El libro *The Heavens Opened* (Los Cielos Abiertos), de Anna Rountree ofrece descripciones detalladas de diferentes ángeles. Casi todos ellos le dijeron su nombre cuando aparecieron.[4]

En lo que a mí respecta, nunca me ha sucedido que un ángel venga y me diga su nombre propio. Sin embargo, me ha sucedido de ángeles que vienen y se dan a conocer por un nombre que es una descripción de sus funciones. Hace poco, tuve un encuentro angélico en Knoxville, Tennessee, en la que un ángel anunció él mismo como "un ángel de liberación". ¿Su nombre es Liberación? No sé; ¡no se lo pregunté! Pero, al parecer, la liberación es su trabajo, y espero que sea bueno en él. No puedo contar la cantidad de veces que he encontrado un ángel que era conocido de un modo semejante.

Por lo tanto, creo que los ángeles tienen áreas particulares de administración. Lucifer era principal ministro de música del cielo. (Vea Ezequiel 28:13: "los primores de tus tamboriles y flautas estuvieron preparados para ti en el día de tu creación"). Como contiende activamente con ángeles enemigos, Miguel suele ser definido como un "ángel guerrero". (Vea Apocalipsis 12 o Daniel 12.)

Alguna gente cree que el ángel que vino a agitar las aguas de la piscina de Betsaida (Juan 5) fue el llamado Rafael, cuyo nombre significa "la sanidad de Dios". Se dice que es enviado a sanar el daño causado por los demonios. Leemos acerca de Rafael (así como de Uriel, ambos citados en compañía de Miguel y Gabriel) en el Libro de Enoc, que no está incluido en el canon de las Escrituras, si bien es citado en el Libro de Judas (Judas 14).[5] Rafael es uno de los principales personajes del libro deuterocanónico de Tobías, y en la tradición judía, Uriel, cuyo nombre significa "fuego de Dios", es el querubín con la espada ardiente que guarda la entrada al Edén.

QUERUBINES Y SERAFINES

Querubines

Las visiones de Ezequiel del trono de Dios son más grandes y más misteriosas —e incluso inquietantes— visiones en la Biblia. Ezequiel describe a los querubines:

> Y los querubines estaban a la mano derecha de la casa cuando este varón entró; y la nube llenaba el atrio de adentro. Entonces la gloria de Jehová se elevó de encima del querubín al umbral de la puerta; y la casa fue llena de la nube, y el atrio se llenó del resplandor de la gloria de Jehová. Y el estruendo de las alas de los querubines se oía hasta el atrio de afuera, como la voz del Dios Omnipotente cuando habla
>
> Y apareció en los querubines la figura de una mano de hombre debajo de sus alas. Y miré, y he aquí cuatro ruedas junto a los querubines, junto a cada querubín una rueda; y el aspecto de las ruedas era como de crisólito. En cuanto a su apariencia, las cuatro eran de una misma forma, como si estuviera una en medio de otra. Cuando andaban, hacia los cuatro frentes andaban; no se volvían cuando andaban, sino que al lugar adonde se volvía la primera, en pos de ella iban; ni se volvían cuando andaban. Y todo su cuerpo, sus espaldas, sus manos, sus alas y las ruedas estaban llenos de ojos alrededor en sus cuatro ruedas. A las ruedas, oyéndolo yo, se les gritaba: ¡Rueda! Y cada uno tenía cuatro caras. La primera era rostro de querubín; la segunda, de hombre; la tercera, cara de león; la cuarta, cara de águila.
>
> —EZEQUIEL 10:3-5, 8-14

El hebreo utilizado en este capítulo es muy oscuro, mezcla masculino y femenino, singular y plural. Tal vez Ezequiel estaba tratando de describir la unidad y la pluralidad de la presencia divina.

Anteriormente en el libro, él describe los querubines como seres vivientes que son "ardientes". Son humanoides con cuatro manos, cuatro alas y cuatro caras. Una cara es humana, el rostro de la izquierda parece la cara de un toro, el rostro de la derecha parece la cara de un león y el último rostro parece como la cara de un águila. "Y cada uno caminaba derecho hacia adelante; hacia donde el espíritu les movía que anduviesen, andaban; y cuando andaban, no se volvían" (Ezequiel 1:12).

¿Cómo podría Ezequiel describir algo que está más allá de las palabras? Él (y otros, como Juan cuando estaba escribiendo el libro de Apocalipsis) hizo lo mejor que pudo para describir algo que usted tendría que ver por sí mismo para creerlo.

A Moisés se le instruyó que representara querubines sobre el arca del pacto. La descripción específica se encuentra en Éxodo 25:18-22 (y es aludida en Hebreos 9:5). El singular de querubines es "querubín"; había dos separados sobre los extremos opuestos del arca, hechos de una sola pieza con el propiciatorio.

La Biblia nos dice que Dios "cabalga sobre un querubín". ¡Me gustaría verlo en algún momento! Busqué en el Salmo 18:10: "Cabalgó sobre un querubín, y voló; voló sobre las alas del viento", y 2 Samuel 22:11: "Y cabalgó sobre un querubín, y voló; voló sobre las alas del viento". Supongo que para Él es naturalmente sobrenatural hacer eso. Después de todo, Él "tiene su trono entre los querubines" (2 Samuel 6:2, RV 1995).

Serafín

Como *querubines*, la palabra *serafín* es plural; la forma singular es "serafín", palabra que significa "ardiente". Los serafines se describen como teniendo seis alas, y levantando un continuo clamor de "Santo, santo, santo, es el Señor de los Ejércitos; toda la tierra está llena de su gloria" (Isaías 6:3).

Isaías los vio "en el año que murió el rey Uzías", y su vida ya nunca volvió a ser la misma:

> En el año que murió el rey Uzías vi yo al Señor sentado
> sobre un trono alto y sublime, y sus faldas llenaban el
> templo. Por encima de él había serafines; cada uno tenía
> seis alas; con dos cubrían sus rostros, con dos cubrían sus
> pies, y con dos volaban

Entonces dije: ¡Ay de mí! que soy muerto; porque siendo hombre inmundo de labios, y habitando en medio de pueblo que tiene labios inmundos, han visto mis ojos al Rey, Jehová de los ejércitos.

Y voló hacia mí uno de los serafines, teniendo en su mano un carbón encendido, tomado del altar con unas tenazas; y tocando con él sobre mi boca, dijo: He aquí que esto tocó tus labios, y es quitada tu culpa, y limpio tu pecado.

—Isaías 6:1-2, 5-7

¿Puede usted ver la conexión? Los serafines se gritan "santo, santo, santo" el uno al otro todo el tiempo, y traen pureza a los pecaminosos seres humanos para que podamos acercarnos al trono de Dios. Yo creo que cuando experimentamos la presencia manifiesta de Dios y sentimos totalmente deshechos y pequeños, los serafines han sido soltados para que entren en nuestro ámbito.

Los serafines no son tan difíciles de describir como los querubines, pero igualmente están muy lejos de nuestra experiencia normal. Los cristianos a lo largo de los siglos han representado sus seis diferentes cuerpos alados. Daniel y Ezequiel registraron solo breves relatos, mientras que Isaías y Juan intentaron describirlos con más detalle. Algunos artistas han representado solo dos serafines, uno a cada lado del Señor entronizado. Otros han sentido que hay cuatro de ellos, como los cuatro vientos o las cuatro esquinas de la tierra, y los pintaron en las cuatro esquinas de magníficas iglesias, soportando la cúpula del cielo. Algunos artistas han representado los serafines de seis alas como un grupo de alas. Pero algunos de los primeros cristianos pensaban que las alas estaban cubriendo al Señor en su trono.

Tengo que recordarle que los ángeles son incorpóreos, son espíritus; no tienen cuerpos. Y, sin embargo, son descritos como si lo tuvieran. Lo más importante es que nuestros titubeantes esfuerzos para describir esas espectaculares criaturas por lo menos logran captar algunas verdades acerca de ellos. Son brillantes y resplandecientes, y purifican todo lo que tocan. Tienen voces, ojos, alas, manos y pies angélicos con los que alabar y servir al

Dios Todopoderoso. ¡Tal vez algún día usted y yo tendremos el privilegio de verlos en acción!

Otras categorías de ángeles

Además de los arcángeles, querubines y serafines, las Escrituras nos llevan a creer que hay varias otras posibles categorías de ángeles. Quiero centrarme en cinco de ellos.

1. El ángel del Señor

2. Ángeles guardianes

3. Los ángeles asignados a las iglesias

4. Ángeles de gran autoridad

5. Ángeles fuertes

El ángel del Señor

En las Escrituras encontramos ocasionales referencias a "el ángel del Señor" y "el ángel de su presencia". ¿Qué significa esto?

> En toda angustia de ellos él fue angustiado, y *el ángel de su faz* los salvó; en su amor y en su clemencia los redimió, y los trajo, y los levantó todos los días de la antigüedad.
> —Isaías 63:9, énfasis añadido

> He aquí yo envío mi Ángel delante de ti para que te guarde en el camino, y te introduzca en el lugar que yo he preparado. Guárdate delante de él, y oye su voz; no le seas rebelde; porque él no perdonará vuestra rebelión, porque *mi nombre está en él*.
> —Éxodo 23:20-21, énfasis añadido

> Y él dijo: Mi presencia irá contigo, y te daré descanso. Y Moisés respondió: Si tu presencia no ha de ir conmigo, no nos saques de aquí.
> —Éxodo 33:14-15

Presencias sobrenaturales en las que se pensaba que habitaba un nombre. Por lo tanto, un "ángel de su presencia" lleva la presencia manifiesta de Dios a un lugar.

Esto se asemeja a "el ángel del Señor". Consideremos, por ejemplo, las conocidas palabras del Salmo 34:7: "El ángel de Jehová acampa alrededor de los que le temen, y los defiende". También recuerdo 1 Crónicas 21:16: "Y alzando David sus ojos, vio al ángel de Jehová, que estaba entre el cielo y la tierra, con una espada desnuda en su mano, extendida contra Jerusalén. Entonces David y los ancianos se postraron sobre sus rostros, cubiertos de cilicio".

A veces la aparición del ángel del Señor puede ser definida como una *teofanía,* una manifestación visible del Señor Jesucristo antes de su encarnación como ser humano. La historia del horno de fuego ardiente en Daniel 3 suele citarse como ejemplo. ¿Quién era el cuarto hombre que apareció con los tres hebreos en medio de las llamas, que vino para preservar sus vidas, confortarlos y demostrar el soberano poder de Dios? Podría haber sido otro tipo de ángel, pero lo más probable es que fuera aparición del Señor Jesucristo preencarnado. ¿Quiénes fueron los tres forasteros que visitaron a Abram cuando él estaba acampado en Mamre? (Vea Génesis 18.) ¿Fue Jesús, en forma preencarnada, acompañado por dos ángeles?

Seguramente muchos de esos encuentros angélicos no han sido registrados, ni están confinados al Antiguo Testamento. Hasta el día de hoy, el ángel del Señor le viene a traerlo *á Él* a una situación. Cuando los ángeles de su presencia se muestran, nos llevan a lo que llamamos la presencia manifiesta de Dios. Lo que ellos traen es "muy denso", muy potente. Se muestra algún elemento de Dios mismo. Viene una ola de gloria, como si un ángel hubiera partido el velo. *¡Swoosh!* Viene un soplo del ambiente celestial.

Ángeles guardianes

Algunas personas suponen que todo el mundo tiene un ángel de la guarda personal, mientras que otras piensan que esa es solo una pintoresca creencia popular, especialmente porque las Escrituras solo consideran la existencia de esos ángeles en dos pasajes, y que ambos reflejan creencias judías de la época:

Y llamando Jesús a un niño, lo puso en medio de ellos, y dijo: De cierto os digo, que si no os volvéis y os hacéis como niños, no entraréis en el reino de los cielos . Mirad que no menospreciéis a uno de estos pequeños; porque os digo que sus ángeles en los cielos ven siempre el rostro de mi Padre que está en los cielos.

—Mateo 18:2-3, 10

Cuando llamó Pedro a la puerta del patio, salió a escuchar una muchacha llamada Rode, la cual, cuando reconoció la voz de Pedro, de gozo no abrió la puerta, sino que corriendo adentro, dio la nueva de que Pedro estaba a la puerta. Y ellos le dijeron: Estás loca. Pero ella aseguraba que así era. Entonces ellos decían: ¡Es su ángel!

—Hechos 12:13-15

Por experiencia, creo que muchos de nosotros podemos dar fe de la protección angélica, ya sea en nuestro propio favor o en a favor de un miembro de la familia o un amigo. Yo sé que puedo hacerlo.

Ángeles asignados a las iglesias

De manera similar, es probable que las iglesias tengan asignados ángeles. Creemos que la frase "el ángel de "antes del nombre de cada una de las siete iglesias del libro de Apocalipsis, capítulos 2 y 3. Cada una de las siete expresiones comienza de la misma manera: "Escribe al ángel de la iglesia de…" Éfeso, Esmirna, Pérgamo, Tiatira, Sardis, Filadelfia y Laodicea, a quienes son dados mensajes específicos de aliento y represión. ¿Qué deberían hacer los ángeles de las iglesias con esas palabras? ¿Por qué Juan es como un mensajero para los ángeles de las iglesias? ¿Fueron estas palabras dirigidas a ángeles reales, a los supervisores humanos de las iglesias, o al espíritu que prevalece en cada iglesia, o a una combinación de estas posibilidades? Este es otro caso donde tenemos más preguntas que respuestas.

Sin embargo, Apocalipsis 1:20 es bastante simple: "Las siete estrellas son los ángeles de las siete iglesias". Se utiliza la palabra griega *angelos,* de la que deriva nuestra palabra castellana *ángel,* y que significa "mensajero o correo". Estos particulares ángeles son *de* las siete iglesias.

Ángeles de gran autoridad

Hay ángeles (copiado por sus contrapartes malvadas) que parecen tener asignaciones territoriales. Estos son los ángeles de gran autoridad. Más tarde, en el Libro de Apocalipsis, leemos:

> Después de esto vi a otro ángel descender del cielo con gran poder; y la tierra fue alumbrada con su gloria. Y clamó con voz potente, diciendo: Ha caído, ha caído la gran Babilonia, y se ha hecho habitación de demonios y guarida de todo espíritu inmundo, y albergue de toda ave inmunda y aborrecible.
>
> —APOCALIPSIS 18:1-2

Esos ángeles de gran autoridad quizás rigen esferas de autoridad de la tierra, tales como ciudades y regiones. Clemente de Alejandría, uno de los primeros teólogos griegos, parece haber creído que esto era cierto. Refiriéndose a Daniel 10:13-21, escribió: "Los poderes de presidir de los ángeles han sido distribuidos de acuerdo a las naciones y las ciudades".[6]

Ángeles fuertes

Puede o no ser útil diferenciar a los ángeles de gran autoridad de los "fuerte ángeles", que es otra frase que se utiliza en el libro de Apocalipsis.

> Y vi a un ángel fuerte que pregonaba a gran voz: ¿Quién es digno de abrir el libro y desatar sus sellos?
>
> —APOCALIPSIS 5:2

> Vi descender del cielo a otro ángel fuerte, envuelto en una nube, con el arco iris sobre su cabeza; y su rostro era como el sol, y sus pies como columnas de fuego. Tenía en su mano un librito abierto; y puso su pie derecho sobre el mar, y el izquierdo sobre la tierra; y clamó a gran

voz, como ruge un león; y cuando hubo clamado, siete truenos emitieron sus voces.

—Apocalipsis 10:1-3

Y un ángel poderoso tomó una piedra, como una gran piedra de molino, y la arrojó en el mar, diciendo: Con el mismo ímpetu será derribada Babilonia, la gran ciudad, y nunca más será hallada.

—Apocalipsis 18:21

¡Los ángeles fuertes son *fuertes*! Sus palabras tienen gran autoridad cuando ellos hacen declaraciones sobre decisiones celestiales y cambios importantes.

Podríamos decir más en estas líneas acerca de los diferentes tipos de ángeles, pero reservaré ese debate para capítulos posteriores en los que consideraremos las misiones angélicas.

Funciones de los ángeles

A lo largo de la Biblia, leemos de los deberes que se han dado a los ángeles. Entre estos se incluyen los siguientes:

- Custodiar puertas (Apocalipsis 21:12)
- Custodiar el árbol de la vida (Génesis 3:24)
- Custodiar el abismo (Apocalipsis 20:1-2)
- Traer a los justos al paraíso en el momento de la muerte (Lucas 16:22)
- Ejecutar sentencia sobre los injustos (Apocalipsis 15:1-16)
- Ayudar a dar la Ley a Moisés (Hebreos 2:2)
- Separar los buenos de los malos en el juicio (Mateo 13:39-41)
- Reunir a los elegidos después de la tribulación (Mateo 24:31)

—Perry Stone, *Ángeles en misión*

La Compañía del Cielo

La amplitud y alcance del reino angélico hace estallar su mente, ¿no es así? A pesar de nuestros denodados esfuerzos por comprender el reino de Dios, nos encontramos con solo una idea parcial de la infinita variedad y el poder sin reservas de estos compañeros de servicio nuestros.

Aquí tenemos una multitud de seres soberbiamente formados que sirven a Dios (y, por extensión, a nosotros) con una sorprendente combinación de completa sumisión a una definida jerarquía militar, y completa y gozosa libertad. A los ángeles les encanta tanto la manera en que Dios los ha creado que probablemente ni la evalúan —porque su atención está puesta sobre todo en Dios mismo. Están ansiosos por la próxima palabra que les dará, ansiosos por su siguiente destino en el servicio del Santísimo.

Con la ayuda de Él, y la de ellos, podemos obtener un grado de ese mismo resuelto enfoque. Esa es mi meta, hasta el día en que me gradúe para unirme al coro celestial en ilimitada alabanza y adoración.

Los ángeles en la Biblia

Capítulo 4

LOS ÁNGELES EN LA VIDA
DEL PUEBLO DE DIOS

Por Terry Law

EN RELATOS BÍBLICOS un ángel preparó comidas para un profeta, y los israelitas comieron comida de ángeles. Un burro vio a un ángel, y un profeta actuó como un burro —y casi fue asesinado por un ángel.

Los ángeles pelearon batallas por los hombres, y un hombre luchó toda la noche con un ángel. Un ángel salvó a un hombre de sacrificar a su hijo de la promesa, y los ángeles estuvieron presentes cuando el verdadero Hijo de la Promesa de ese hombre iba a ser sacrificado.

Un ángel participó en una fuga de una cárcel, y el hombre que escapó fue confundido con un ángel. Los ángeles trajeron mensajes proféticos sobre el futuro lejano, sin embargo los ángeles no saben el día ni la hora del regreso del Señor.

Cuatro categorías parecen abarcar la mayor parte de las formas en que interactuaron los ángeles, la humanidad y Dios en la Biblia.

1. Los ángeles ministraron a las personas.

2. Los ángeles trajeron mensajes de Dios a las personas.

3. Los ángeles ayudaron a liberar a personas en peligro y a naciones en problemas, a veces peleando —y ganando—batallas.

4. Los ángeles administraron los juicios de Dios.

Dios puede enviar ángeles ya sea para mostrar compasión y misericordia o para ejecutar ira y juicio. Sin embargo, la razón que está detrás de todas las acciones de Dios es hacer avanzar sus planes y propósitos en la tierra.

La mejor manera de saber que serán enviados ángeles si llega a ocurrir que usted los necesita es clamar a Dios en oración, mantenerse humilde, y asegurarse de estar cumpliendo el propósito de Dios para usted. El maestro de Biblia Norvel Hayes dice que la mejor manera de "poner a trabajar [a ministrarlo] a los ángeles para usted" es obedecer a Dios.[1]

Tres maneras seguras de *no* ver a un verdadero ángel de Dios son:

1. Buscar a los ángeles, no a Dios

2. Buscar más allá de lo que se nos ha dicho en la Biblia (curiosidad y especulación)

3. Buscar "otra" forma que las que se ha dado en las Escrituras, como lo hicieron Mahoma, el profeta del islam, y Joseph Smith, fundador de la Iglesia mormona

Es importante observar las visitas angélicas de las Escrituras para que nos den un estándar a utilizar para juzgar las visitas angélicas de hoy. Las visitas angélicas siempre tenían un propósito, y llevaban a la gente más cerca de Dios y de su plan para ellos.

ÁNGELES QUE MINISTRABAN A PERSONAS

A Abram, patriarca de los hebreos (a quien Dios después renombró Abraham), se le había prometido un hijo propio hacía muchos años. Sin embargo, Sara, esposa de Abraham, no quedaba embarazada.

Sara decidió ayudar a Dios observando una costumbre de la época, que era dar una sierva de la esposa al marido para que tuviera un hijo cuando la mujer era incapaz de concebir.[2] Sin embargo, cuando Agar la sierva quedó embarazada, Sara no fue feliz. Ella maltrató a Agar, quien escapó, aparentemente muy desanimada. Un ángel se le apareció a Agar en una fuente y le dijo que volviera a Sara y que una nación nacería del hijo que llevaba

(Génesis 16:9-11). El ángel llamó Ismael a ese hijo, quien llegó a tener muchos descendientes conocidos ahora como los árabes.

Ismael tenía quince años cuando nació el hijo prometido, Isaac. Una vez más, Sara persiguió a Agar, quien huyó al desierto, esta vez con su hijo. Cuando se les acabó el agua, se tiraron debajo de unos arbustos a morir. Un ángel se le apareció de nuevo a ella y les mostró un pozo de agua. Ellos se quedaron en el desierto cerca de Beerseba, viviendo de la tierra (Génesis 21:14-21). Aunque Ismael no era el hijo que Dios le había prometido a Abraham, Dios siguió proveyendo para sus necesidades mediante el ministerio de los ángeles.

Cuando Isaac, el hijo de Abraham, necesitó una esposa, Abraham envió a su siervo para encontrar a la muchacha adecuada, diciéndole: "Jehová, Dios de los cielos enviará su ángel delante de ti" (Génesis 24:7). El siervo recibió una señal sobrenatural que identificó a la muchacha (Génesis 24:10-67).

Un ángel realmente encendió fuego y coció pan para el profeta Elías, quien clamaba a Dios por ayuda cuando huía de la malvada reina Jezabel. Ese alimento lo sostuvo durante cuarenta días y cuarenta noches (1 Reyes 19:5-8).

Cuando los descendientes de Abraham salieron de Egipto después de pasar 430 años en el exilio, un ángel los condujo por el desierto hacia la Tierra Prometida (Éxodo 14:19; 23:20, 23; 32:34; Números 20:16). En el desierto, la comida de ángeles, o maná (Salmo 78:25), fue provista a diario para los israelitas y ministró a sus necesidades nutricionales (Éxodo 16:14-18).

Dios también dijo que el ángel expulsaría a las tribus paganas de la Tierra Prometida delante de Israel (Éxodo 33:2). Sin embargo, Israel desobedeció a Dios por hacer tratados con los paganos y no derribar y destruir todos sus ídolos. Al ángel entonces no se le permitió ayudar (Jueces 2:1-4).

ÁNGELES QUE TRAJERON MENSAJES

La primera persona que hospedó ángeles "inadvertidamente" fue Abraham (Hebreos 13:2). Tres extranjeros llegaron a la puerta de su tienda, y Abraham inmediatamente les pidió que se sentaran y lo visitaran por un tiempo. Luego hizo que Sara y sus siervos prepararan una comida de sus mejores provisiones (Génesis 18:1-8).

Dos de estos "hombres" eran ángeles y muchos creen que el tercero era el Señor mismo. Ellos entregaron dos mensajes importantes.

- Abraham y Sara tendrían por fin el hijo prometido, "al tiempo señalado" (un año a partir de entonces).

- Caería juicio sobre las ciudades del valle donde el sobrino de Abraham, Lot, había elegido vivir con su familia.

Justo antes de que las ciudades fueran destruidas, dos ángeles sacaron a salvo a Lot y a sus dos hijas (Génesis 19:15-22).

Más de quince años después, bajo la dirección de Dios, un ángel trajo un mensaje a Abraham mientras él se preparaba para ofrecer a su único hijo en sacrificio (Génesis 22:1-19).

Los ángeles le trajeron mensajes tres veces al hijo de Isaac, Jacob. La primera vez, él vio ángeles que subían y bajaban por una escalera al cielo. En este lugar, llamado Betel, el Señor confirmó que sus promesas a Abraham e Isaac continuarían por medio de Jacob (Génesis 28:10-15).

Más tarde, Jacob vio ángeles mientras regresaba a casa de sus padres después de veinte años de exilio (Génesis 32:1-2), pero en ese momento la visita no se explicada. Años más tarde, sin embargo, cuando estaba muriendo, Jacob le dijo a su undécimo hijo José que el "ángel que me liberta de todo mal" bendeciría a los hijos de José (Génesis 48:16). (¿Jacob se estaría refiriendo posiblemente a su ángel guardián?)

La noche anterior a que Jacob se reuniera con su hermano Esaú, después de veinte años, un ángel luchó con él toda la noche. Jacob se negó a dejarlo ir hasta recibir una bendición. Por la mañana, el ángel tocó el encaje del muslo de Jacob, lo que hizo que él cojeara por el resto de su vida. Un encuentro con un mensajero angélico de Dios lo cambiará a usted de por vida (Génesis 32:24-32).

Más de cuatrocientos años después, un ángel se le apareció a Moisés como una llama de fuego en una zarza. Fue Dios quien le habló a Moisés desde la zarza y lo llamó para sacar a Israel de Egipto (Éxodo 3:1-4).

Un profeta llamado Balaam recibió un mensaje de un ángel que casi le costó la vida. Balaam se dirigía a pronunciar una maldición sobre la nación de Israel cuando un ángel se interpuso en su camino. Él no vio al ángel, pero el asno en el cual montaba sí. El animal intentó evitar al ángel tres veces y finalmente cayó al suelo. El Señor "abrió" los ojos de Balaam, y vio el problema: un ángel con una espada desenvainada en la mano esperando emboscado (Números 22:1-35). Después de eso, ¡Balaam cayó al suelo!

Los ángeles tuvieron algo que ver con el hecho de dar la ley a Israel por medio de Moisés. Esto está registrado en el Nuevo Testamento donde Esteban dijo en su gran discurso ante el sumo sacerdote: "recibisteis la ley por disposición de ángeles, y no la guardasteis" (Hechos 7:53). Pablo también dijo que la ley fue "ordenada por medio de ángeles" (Gálatas 3:19).

En los días en que Israel tenía jueces, y no reyes, un ángel se le apareció a Gedeón, un hombre temeroso que se escondía de los conquistadores de Israel. Para sorpresa de Gedeón, el ángel le dijo: "Jehová está contigo, varón esforzado y valiente" (Jueces 6:12).

Gedeón informó a este visitante que su familia era pobre, y él era "el menor" de su familia. Pero Dios estaba llamando a las cosas que no eran como si fuesen, como lo había hecho con Abraham (Romanos 4:17). Dios hablaba del futuro potencial de Gedeón como si ya fuera realidad. Tenemos que aprender a vernos como Dios nos ve y hablar de sus planes para nuestro futuro en fe.

Gedeón finalmente le creyó al ángel y condujo a Israel a la victoria sobre los madianitas. Después sirvió como uno de los quince hombres y mujeres que juzgaron a Israel (Jueces 6:8). Él se convirtió en lo que el ángel lo llamó.

Un ángel también participó en la vida de otro juez de Israel: Sansón, un hombre conocido por su "fuerza". Este ángel también parecía ser un hombre cuando trajo a la madre de Sansón el mensaje de que iba a tener un hijo. Sin embargo, ella supo que él era un "hombre de Dios", porque su rostro brillaba como "el aspecto de un ángel de Dios" (Jueces 13:6). Después se apareció a los dos futuros padres con instrucciones sobre cómo criar a su bebé para cumplir su parte en el plan de Dios (Jueces 13:2-14).

Los ángeles entregaron mensajes a Ezequiel, Daniel, Zacarías y el apóstol Juan respecto del pueblo de Dios y los eventos de los tiempos del fin.

En el Nuevo Testamento, un evangelista cristiano llamado Felipe estaba en medio de un avivamiento de toda la ciudad en Samaria cuando un ángel le dijo que se fuera y se dirigiera hacia el sur. Cuando Felipe obedeció, se encontró con un funcionario etíope que había estado tratando de entender el evangelio (Hechos 8). La salvación de ese único hombre significó el cambio de una nación entera.

Un ángel se apareció a un oficial del ejército gentil llamado Cornelio y le dijo que enviara por Pedro, quien le daría instrucciones. Este oficial oraba a Dios siempre y daba muchas limosnas al pueblo de Dios (Hechos 10).

En ambos ejemplos, no cristianos habían estado buscando sinceramente al Señor, y Él envió a un ángel como parte de la respuesta a sus oraciones.

Un ángel le llevó un mensaje al apóstol Pablo justo antes del catastrófico naufragio que sufrieron él y otros cristianos camino al juicio de Pablo en Roma (Hechos 27:23-24). El ángel le dijo a Pablo que si él y todos los que estaban a bordo seguían las órdenes, serían salvos, aunque la nave y su carga se perderían. Los acontecimientos se desarrollaron tal y como lo había dicho el ángel (Hechos 27).

Los ángeles también anunciaron el nacimiento de Jesús y de Juan el Bautista, como veremos en el siguiente capítulo.

ÁNGELES QUE LIBRARON DEL PELIGRO A PERSONAS

Durante el exilio de Israel en Babilonia, tres jóvenes que seguían a Dios fueron arrojados a un horno de fuego por negarse a adorar al rey. Para asombro del rey, sin embargo, una cuarta "persona" apareció en el horno con ellos. Los jóvenes y su "amigo" no fueron tocados por las llamas, que eran tan intensas que quienes los arrojaron a ellos dentro murieron quemados. La cuarta figura puede haber sido un ángel o Jesús mismo (Daniel 3:19-30).

Otro joven llevado al exilio con los otros tres llegó a ser un profeta y un gran líder del pueblo. Daniel experimentó la intervención angélica en su vida varias veces. La primera vez fue cuando fue arrojado al foso de los leones por negarse a adorar al rey (el mismo "delito" que metió en problemas a sus amigos anteriormente). Este era un rey diferente, pero el resultado fue el mismo: Daniel salió ileso. Él les dijo a las autoridades que Dios había "enviado a su ángel" y había cerrado la boca de los leones (Daniel 6:22).

En el Nuevo Testamento, el apóstol Pedro fue liberado de la cárcel por un ángel (Hechos 12). Pedro estaba durmiendo cuando apareció una luz y un ángel "golpeó" a Pedro en el costado, le dijo que se levantara, que se pusiera el manto, y lo siguiera. Las cadenas inmediatamente cayeron de sus manos. En ese momento, "muchos estaban reunidos orando" en la casa de la madre de Juan Marcos (Hechos 12:12). Pedro siguió al ángel, y cuando llegaron a la puerta de hierro que daba a la ciudad, esta se abrió por sí misma.

Durante años muchas personas oraron juntas en la Unión Soviética y en el bloque oriental, y luego la "puerta de hierro" se abrió por sí misma. Me pregunto cuántos ángeles habrán participado en eso.

Juzgar las visitas angélicas

Los creyentes no deben, y los no creyentes no deberían, aceptar algo sobrenatural sin verificar su origen. Pablo dice "examinadlo todo" y "retened lo bueno" (1 Tesalonicenses 5:21).

Juan escribió: "Amados, no creáis a todo espíritu, sino probad los espíritus si son de Dios; porque muchos falsos profetas han salido por el mundo" (1 Juan 4:1).

¿Cómo se prueba a un ángel? Usted lo hace al considerar si su visita concuerda con las de la Biblia, si sus palabras se alinean con la Biblia, y si el propósito que su visita logra es bíblico.

- ¿Le dice a usted que él es el espíritu de un amigo muerto o de un antepasado? En otras palabras, ¿llama la atención de usted hacia él mismo u otros seres en vez de hacia Jesús y el Padre? Ese no es un verdadero ángel de Dios. Los ángeles de Dios nunca testifican de sí mismos.

- ¿Trae revelación que no puede hallarse en la Biblia, dice que todas las religiones son de Dios, y le dice que el más allá es un buen lugar para todos? Ese no es un verdadero ángel de Dios.

- ¿Se entretiene, socializa, y anda por allí después de que su "misión" ha terminado? Ese no es un verdadero ángel de Dios.

- ¿Usa luces espectaculares, sonidos raros u olores extraños para llamar su atención? Ese no es un verdadero ángel de Dios. Cuando aparece un verdadero ángel, él le da un mensaje o lo ayuda a salir del peligro, y luego desaparece.

- ¿Él lo adula y aumenta su orgullo, tal vez diciéndole cuán espiritual es usted? Ese no es un ángel de Dios. Una visitación angélica no es una prueba de madurez espiritual.

- ¿Le deja con sentimientos de ansiedad, temeroso, o confundido? Ese no es un ángel de Dios.

- ¿Trata de forzarlo a hacer algo que contraría su testimonio interior? Ese no es un ángel de Dios.

- ¿Estos encuentros dan fruto espiritual? ¿Lo hacen cambiar para bien en algún sentido? ¿O los resultados son perjudiciales para usted o para quienes lo rodean? Ese no es un ángel de Dios.

Si un ángel le dice que usted puede hablar con él en cualquier momento o llamarlo de alguna manera, o si le dice que los ángeles pueden vivir dentro de usted, él es falso. Los verdaderos ángeles nunca se hacen parte de usted, ni tampoco usted puede convertirse en ángel.

Usted no puede probar a un ángel si no conoce la Biblia. Así que profundice en la Palabra de Dios para descubrir quién es Él y el valioso pacto que tenemos como hijos suyos. Dios promete protección angélica, orientación, y liberación mientras caminemos humildemente delante de Él.

—Terry Law

ÁNGELES QUE ADMINISTRARON JUICIO

El Dios Todopoderoso también envía ángeles para llevar a cabo sus juicios sobre las naciones y las personas cuya "iniquidad" es completa (Génesis 15:16; 2 Tesalonicenses 2:7). La misericordia de Dios es paciente y eterna. Sin embargo, llega un momento en que el juicio ya no puede retenerse, y Dios sigue siendo justo.

Faraón se metió de cabeza en el juicio de Dios cuando se negó a dejar ir a los israelitas. La décima y última plaga fue el ángel de la muerte que pasó por Egipto y mató a todos los primogénitos del país, tanto personas como animales (Salmo 78:43-51).

En una oportunidad un ángel mató a setenta mil personas porque el rey David había contado el número de hombres de guerra en Israel en desobediencia a la orden del Señor. Pudo haber sido peor, pero Dios detuvo al ángel antes de que Jerusalén fuera destruida (2 Samuel 24:1-17). A veces personas inocentes sufren porque los que están en autoridad desobedecieron a Dios.

Otra ocasión del Antiguo Testamento en que los ángeles trajeron destrucción —esta vez sobre los enemigos de Israel— fue durante la época de Eliseo. En un momento dado, Eliseo y los habitantes de un pueblo llamado Dotán fueron asediados por el ejército sirio. Eliseo puede haber tenido paz en medio del asedio, pero su criado estaba abrumado por el miedo (2 Reyes 6:17).

Eliseo le aseguró: "más son los que están con nosotros que los que están con ellos" (2 Reyes 6:16). Después de que Eliseo oró, los ojos de su siervo fueron abiertos para ver los caballos y carros de fuego que estaban entre ellos y el enemigo.

Me pregunto ¿cuántos cristianos verían a los ángeles si sus ojos fueran realmente abiertos? Hay más ángeles buenos con nosotros que ángeles malos. Como máximo, nos dice la Biblia, solo un tercio de los ángeles siguió a Satanás (Apocalipsis 12:4).

El gran Senaquerib, rey de Asiria, recibió su merecido a manos de un ángel cuando desafió a Dios al enviar cartas a otras naciones, jactándose de que Dios no podría liberar a Judá de su mano (2 Crónicas 32:17). Pero Dios envió un ángel que "destruyó" (mató) él solo a 185 000 soldados en el campamento asirio (2 Crónicas 32:21).

La otra cara de la historia es que cuando el rey Ezequías de Judá recibió esa amenazante carta del rey asirio, él "subió a la casa de Jehová, y las extendió [a las cartas] delante de Jehová"; luego procedió realmente a "echar mano" de Dios (Isaías 37:14-20). Le dijo al Señor lo que los asirios estaban haciendo a su pueblo y a la tierra. Después de eso, Ezequías apeló al honor y al buen nombre de Dios para que no dejara que los alardes asirios prevalecieran.

Ezequías no "oró el problema", ni tampoco identificó el problema como suyo. Las primeras palabras que salieron de su boca reconocieron que Dios es soberano Comandante y Gobernador sobre toda la tierra. Según Marilyn Hickey, Ezequías "oró conforme a la visión global".[3] La intervención angélica se produjo en respuesta a esa oración.

En el Nuevo Testamento, Herodes fue golpeado con enfermedad por un ángel del Señor, porque aceptó ser adorado en vez de dar la gloria a Dios (Hechos 12:20-23). Él fue "comido de gusanos" y murió.

Los ángeles de los últimos tiempos son mostrados llevando a cabo los juicios de Dios que se encuentran en el libro de Apocalipsis, donde se menciona a los ángeles con más frecuencia que en cualquier otro libro de la Biblia. Hay ángeles de las siete iglesias de Asia, ángeles en el cielo, ángeles que controlan los elementos, ángeles de pie alrededor del trono, ángeles que tocan trompetas, ángeles que muestran visiones a Juan, y ángeles que vencen al diablo y a sus ángeles. Por último, están los ángeles que traen las plagas y desastres a la tierra, y está el ángel que ata a Satanás y luego lanza la Muerte y el Hades al lago de fuego.

PATRONES BÍBLICOS

Entonces, ¿qué estándar proporcionan las Escrituras para juzgar las apariciones angélicas? Estas son algunas de las conclusiones a las que podemos arribar.

- Los ángeles pueden venir en respuesta a oraciones sinceras de creyentes y de no creyentes.

- Los ángeles a veces parecen ser humanos a primera vista, por lo que podemos no darnos cuenta de quienes son. Ellos frecuentemente revelan su verdadera identidad antes de que la visita termine.

- Los ángeles traen mensajes que hacen avanzar los planes de Dios en la tierra.

- La intervención angélica siempre tiene un propósito. Los ángeles no vienen para establecer relaciones con los seres humanos ni solamente para socializar.

- Dios retendrá ayuda angélica por causa de la desobediencia.

- Los ángeles ejecutan juicios de Dios contra la maldad.

A lo largo de este libro consideraremos más el rol de los ángeles en los asuntos de la humanidad, tanto en las Escrituras como en la actualidad. Pero por ahora demos una mirada a su rol en lo que debe de haber sido el momento más feliz para los ángeles: la venida de Jesucristo.

Capítulo 5

LOS ÁNGELES EN LA VIDA DE JESÚS

Por Terry Law

EL CAMINO A Belén. El camino a Jerusalén. El camino a Nazaret. Los nombres de estos caminos evocan algo más allá de la realidad natural para casi todos los que han vivido durante los últimos dos mil años. Como pocos otros en la historia, sus solos nombres hacen que instantáneamente pensamientos de eventos y personas mayores que nuestros propios pequeños mundos surjan en nuestras mentes.

La Gran Ruta de la Seda de Italia a Catay (China) fue una vez un camino cuyo solo nombre significaba romance, aventura y tesoros, pero no como estos tres caminos de lo que una vez fue Palestina. Estos tres caminos denotan asuntos más allá de lo novelesco. Denotan vida y muerte, asuntos de importancia eterna, y acontecimientos que revolucionaron al mundo.

El tráfico diario en los caminos a esos tres lugares, que en conjunto podrían haberse llamado el "Triángulo de Oro" de Palestina, la Gran Estación Central del universo, o la encrucijada del mundo espiritual, debe haber sido observado de cerca por los ángeles, al menos desde el tiempo de Abraham.

Los ángeles no necesariamente vigilaban porque supieran de antemano todo lo que tendría lugar en esos caminos. Vigilaban porque el Señor Dios mismo asignó "vigilantes" sobre esa tierra tan importante para su plan (Eclesiastés 5:6; Daniel 4:13, 17, 23).

Hal Lindsey escribió que una vez que el hombre fue creado, fue vigilado tanto por los ángeles de Dios como por los ángeles de luz (demonios que se hacen pasar por mensajeros de Dios).

Idea descabellada, ¿no es así? Creemos que podemos irnos a una remota isla del Pacífico o un aislado refugio de montaña y alejarnos de todo y de todos. Sin embargo, seguimos siendo vigilados por ángeles. Lo sabemos por muchos pasajes de la Biblia.[1]

En el camino a Belén es donde comenzó el principal evento del plan de Dios para la redención de la humanidad. El camino a Nazaret es donde el ministerio de su Hijo reveló la realidad de ese plan. El camino a Jerusalén es donde pareció haber terminado, durante tres días, hasta que la tumba se abrió y el plan de redención fue completado.

Los ángeles estuvieron observando o participando directamente en muchos de los acontecimientos de esos treinta y tres años de la vida de Jesús, un corto tiempo de vida que no terminó en la Tierra sino que se extiende por toda la eternidad. La verdadera realidad del espacio sin tiempo es algo que no podemos comprender, pero es el hogar de multitudes de ángeles.

El célebre astrónomo del siglo diecinueve, Camille Flammarion (1842-1925), tras vislumbrar finalmente la inmensidad del universo de Dios, dijo:

> Entonces comprendí que todas las estrellas que nunca han sido observadas en el cielo... no representan en el infinito más que una ciudad en un gran total de población. En esta ciudad del imperio sin límites, nuestro sol y su sistema representan una casa —una sola casa entre millones de viviendas. ¿Es nuestro sistema solar un palacio o una choza en esta gran ciudad? Probablemente una choza. ¿Y la tierra? La tierra es una habitación de la mansión solar; una morada pequeña, miserablemente pequeña.[2]

Billy Graham señaló que en las Escrituras, cuando los ángeles aparecen como ángeles, los seres humanos reaccionan con temor o incluso miedo. Él cree que la razón se debe a que los ángeles representan la inmensidad de Dios y del espacio. De pronto somos conscientes de lo pequeños que somos comparados con Dios y lo pequeña que es la tierra en relación con el universo.[3]

De alguna manera, nuestra pequeña "habitación de la mansión solar" ha sido de central importancia para el universo. Dios tiene un propósito y un plan para la humanidad, pero no somos títeres en una divina demostración del bien que triunfa sobre el mal. Dios nos creó para tener un destino en Él mismo.[4]

Jesús, el unigénito Hijo de Dios, allanó el camino para que vivamos en su presencia con el Padre y todos los santos ángeles para siempre si simplemente lo recibimos en nuestro corazón y lo confesamos con nuestra boca (Romanos 10:9-10).

LOS ÁNGELES Y EL NACIMIENTO DE JESÚS

Confesar a Jesús con sus bocas no fue solo "una opción" para los ángeles que aparecieron esa noche a los pastores que cuidaban los rebaños de sus amos. Tal vez fue una misión, pero sobre todo fue un gozo, un triunfo, un privilegio y una señal de que el tiempo señalado en la tierra había terminado. El tiempo seguía teniendo milenios por recorrer antes de acabar. Pero el tiempo de esperar al Redentor, el Mesías, que nacería en la tierra como un niño, terminó esa noche.

Esa noche, el foco de todos esos vigilantes angélicos estuvo en un lugar específico: Belén. El Evangelio de Lucas nos da el relato más claro y más lírico de los acontecimientos de esa noche trascendental (Lucas 2:8-14).

Imagínese a varios pastores apiñados alrededor de una pequeña fogata en medio del campo. Visten abrigos hechos de pelo de camello para entrar en calor, y están acurrucados al abrigo de una colina para cubrirse del viento. La Tierra Santa se vuelve fría una vez que el sol se pone.

Algunos de ellos hablan en voz baja, mientras que otros están acurrucados en las camas que hicieron apilando juncos en medio de rectángulos delineados por piedras. Hay silencio, excepto por el ocasional tintineo de una campana en el cuello de una oveja guía o la tos de alguien o el sonido de un leño crepitando en el fuego. Es difícil imaginar qué tranquila debe de haber sido la noche en a época y en ese lugar: sin coches, ni aviones, ni radios a todo volumen con los últimos éxitos. Cuando Lucas escribió: "Y he aquí" (Lucas 2:9), estaba diciendo: "De pronto, de repente, sin ninguna señal de advertencia", un ángel "se les presentó". Debe haber sido algo así como un jet rompiendo la barrera del sonido justo encima de ellos.

Tal vez fue en el preciso momento del nacimiento de Jesús que los cielos se abrieron en ese campo tranquilo y hubo luz, sonido, ¡y una visión increíble! La luz era la gloria del Señor, el sonido eran voces celestiales elevadas al unísono, y la visión era no solo un ángel, sino multitudes, ¡tal vez millones! Creo que todo el cielo fue un tumulto de regocijo y emoción en este cumplimiento del propósito y del plan de Dios.

No es extraño que Lucas diga que los pastores "tuvieron gran temor" (Lucas 2:9). Eso significa asustadísimos, o tal vez el tipo de temor que resulta de un terremoto repentino. De inmediato un ángel los tranquilizó diciendo: "No tengan miedo. Les traigo buenas noticias". (Vea Lucas 2:10, NTV.)

La noticia traída por los ángeles fue la mejor noticia que la humanidad podía haber recibido. La única noticia comparable para los nacidos de nuevo será cuando el cielo se abra en un segundo, y Jesús aparezca para el tiempo final. Los ángeles también participarán de eso, y se nos dice que será muy repentino: "en un abrir y cerrar de ojos" (1 Corintios 15:52).

Después que los ángeles volvieron al cielo, los pastores dejaron sus rebaños y se dirigieron a la aldea para encontrar al bebé que había sido anunciado por los ángeles. ¿Usted cree que estaban tan emocionados que dejaron las ovejas desatendidas y corrieron a Belén? Tal vez dejaron a uno de ellos para vigilar las ovejas.

Los pastores pueden haber sido jóvenes porque a los hijos más jóvenes por lo general se les asignaba la tarea de cuidar las ovejas. No sabemos cuántos años tenían, cómo estaban vestidos exactamente, o cuántos eran. Pero podemos estar seguros de una cosa: Por el resto de sus vidas, esos pastores nunca olvidaron a los ángeles y al bebé. Nunca cuestionaron la realidad de los ángeles y, probablemente, fecharon todo en sus vidas como "antes de ver a los ángeles" o "después de ver a los ángeles". La Biblia dice que ellos regresaron con sus ovejas glorificando y alabando a Dios por las cosas que habían visto y oído (Lucas 2:20).

Los pastores tomaron el lugar de los ángeles para contar la buena noticia, el mensaje de esperanza. La Biblia dice que "dieron a conocer lo que se les había dicho Y todos los que oyeron, se maravillaron de lo que los pastores les decían" (Lucas 2:17-18). En esencia, se convirtieron en los primeros evangelistas.

¿Se ha preguntado alguna vez por qué estaba en el plan de Dios que hombres sin educación de una humilde profesión vieran multitudes de las huestes celestiales? ¿Por qué los pastores fueron elegidos para ser los primeros en oír que el Rey de reyes y Señor de señores había nacido?

¿Fue simplemente porque Dios quería que el nacimiento de Jesús se anunciara primero a los plebeyos y luego a los reyes a fin de llegar a un amplio espectro de la humanidad?

¿Fue simplemente que los ángeles estaban tan embargados de emoción que tenían que decirle a alguien que "fuera y viera" esto maravilloso que Dios había hecho?

¿Fue coincidencia que Jesús, nacido del linaje de David en la ciudad de David, fuera adorado primeramente por los pastores? David, su ancestro, comenzó como pastor y llegó a convertirse en rey.

Muchas preguntas acerca de los ángeles no tienen respuestas en nuestro ámbito, al igual que otros misterios de Dios. Lo que podemos entender es lo que está expresado para nosotros en las Escrituras:

- Los ángeles fueron mensajeros del nacimiento de Jesús.

- Los ángeles ministraron a Jesús después de un ayuno de cuarenta días.

- Los ángeles ministraron a Jesús cuando Él oraba en el huerto de Getsemaní la noche en que fue arrestado.

- Los ángeles estuvieron en la cruz y en la tumba cuando la piedra fue quitada.

- Los ángeles anunciaron la resurrección de Jesús, y luego hablaron a los discípulos después de que Jesús ascendió al cielo para sentarse a la diestra del Padre, y esperar el tiempo de su regreso.

Los ángeles en la vida de Jesús

Los ángeles no solo se mencionan en el Antiguo Testamento, sino que además participaron mucho en el ministerio terrenal de Cristo:

- Los ángeles anunciaron el nacimiento de Cristo (Lucas 1:26-38).
- Un ángel le dijo a José que tomara a María como esposa (Mateo 1:20).
- Un ángel advirtió a los sabios que no volvieran a Herodes (Mateo 2:12).
- Un ángel advirtió a José que huyera a Egipto (Mateo 2:13).
- Los ángeles ministraron a Cristo después de su tentación (Mateo 4:11).
- Un ángel trajo sanidad al estanque de Betesda (Juan 5:4).
- Los ángeles ministraron a Cristo en Getsemaní (Lucas 22:43).
- Los ángeles estuvieron presentes en la resurrección (Lucas 24:4).
- Los ángeles anunciaron que Cristo volvería otra vez (Hechos 1:10-11).

—PERRY STONE, *ÁNGELES EN MISIÓN*

UN TIEMPO DE MUCHO MOVIMIENTO PARA LOS ÁNGELES

Los años de la vida de Jesús fueron un tiempo de mucha ocupación para los ángeles mensajeros. Cuando la "plenitud de los tiempos" se acercó, el momento en que todas las cosas estuvieron en su lugar y listas para el nacimiento de Jesús, un ángel fue enviado con un mensaje especial.

Se apareció a la joven a quien Dios había elegido como madre del Mesías prometido. No cualquier ángel tuvo esta misión, sino uno muy importante: Gabriel. Gabriel se le apareció no solo a María sino también a José. Al hombre que iba a actuar como padre terrenal del Hijo de Dios era necesario decirle que estaba bien que se casara con su novia, quien estaba embarazada, pero no de él.

Aun antes de eso, Gabriel se le apareció a un sacerdote que oficiaba en el lugar santo. Le trajo a este sacerdote un mensaje similar al que Abraham recibió de Dios. El sacerdote y su esposa, ambos ancianos, iban a tener un hijo. Este hijo era "Elías", el precursor de Jesús. Así como un ángel puso el nombre Ismael al primer hijo de Abraham, el ángel le puso a este bebé el nombre Juan.

Marilyn Hickey llama a tales "anuncios de nacimiento" parte del ministerio de los ángeles.[5] Durante ese particular año, ¡los ángeles estuvieron ocupados trayendo muchos anuncios de nacimiento!

Zacarías era un sacerdote común que estaba ejerciendo su turno del oficio sacerdotal, pero en su familia habían sido sacerdotes por generaciones, como era la costumbre. Sería comprensible que pastores sin educación hubieran sido escépticos de los ángeles, pero un sacerdote debería haber sabido que Gabriel tenía que ser exactamente quien dijo que era. Un ángel caído, un "ángel de luz", no podría haberse manifestarse en el lugar santo delante del velo.

Usted podría pensar que Zacarías habría estado feliz al experimentar una visita de un ángel. Sin embargo, Zacarías aparentemente caminaba por vista y no por fe. A diferencia de Abraham, que "no consideró" la condición de su cuerpo y el de Sara, sino que creyó a Dios (Romanos 4:19), Zacarías fue escéptico. No se sintió emocionado, honrado o feliz. En cambio, Lucas escribe que estuvo "turbado" y "le sobrecogió temor".

En vez de dar gracias al ángel por ese maravilloso regalo de Dios, le dijo; "¿En qué conoceré esto? Porque yo soy viejo y mi mujer es de edad avanzada" (Lucas 1:18).

El ángel le contestó: "Yo soy Gabriel, que estoy delante de Dios" (Lucas 1:19).

La implicancia era: "Tú deberías saber al verme aquí en este lugar que yo vengo de la presencia de Dios. ¡Cómo te atreves a cuestionar mi palabra! Estás dudando del Señor Dios Todopoderoso, no de mí".

Zacarías "provocó" a Gabriel, pero solo quedó mudo hasta que nació el bebé. ¿Recuerda a Balaam? Él fue el profeta del Antiguo Testamento que casi hizo que lo mataran por provocar a un ángel.

¿Se imagina cómo deben de haber caminado los ángeles por las calles de Jerusalén y vigilado desde los cielos sobre Belén, preguntándose cómo la gente podía estar tan ajena al gran evento a punto de estallar sobre ellos?

¿Sintieron María y José la presencia de los ángeles mientras viajaban por el polvoriento camino de Nazaret a Belén cuando ella estaba a punto de dar a luz? Estoy seguro de que los ángeles se cernían sobre ellos.

¿Oyeron el roce de alas de los ángeles sobre el establo —el único lugar privado que pudieron encontrar? Puedo imaginar ángeles rodeando la escena del nacimiento y al bebé en el pesebre.

Los ángeles deben de haber estado cerca de Jesús toda su vida. Sin embargo, las únicas otras menciones que tenemos de ellos antes de la resurrección son después de que Él hizo un ayuno de cuarenta días (Mateo 4:1-11) y cuando oró en el huerto de Getsemaní, la noche de su arresto (Lucas 22:43).

El ayuno de cuarenta días no solo transcurrió sin nada que comer, sino que además lo pasó en el desierto con las fieras. Después, vino una "bestia" más salvaje que cualquiera de la tierra y lo tentó. Después de resistir a Satanás —quien manejó la tentación en persona y luego lo dejó "por un tiempo"— Jesús debe de haber estado totalmente exhausto y muy débil.

Mateo y Marcos mencionan a los ángeles casi como una acotación al margen, como si dijeran: "Así que, por supuesto, vinieron ángeles y le servían". (Vea Mateo 4:11; Marcos 1:13). La palabra *servían* en ambas referencias es la palabra griega *diakonéo*, de la cual tenemos la palabra *diácono*. La *Nueva concordancia exhaustiva de la Biblia de Strong* dice que esta significa "ser servidor" o "servir a alguien".[6]

No se nos dice esto, pero los ángeles pueden haber alimentado a Jesús tal como el ángel alimentó a Elías. Si el ángel no alimentó a Jesús, lo fortaleció y animó de alguna manera. Se nos dice que Él "volvió en el poder del Espíritu" a Galilea y empezó a ministrar de modo que su fama se difundió por toda la región (Lucas 4:14).

Jesús habló de los ángeles a menudo durante su ministerio. También se topó con gran cantidad de secuaces de Satanás. Los autores de *Fundamentos de la teología pentecostal* dicen:

> Personas poseídas por demonios eran traídas a Él. Jesús trató con ellas echando fuera a los demonios (Mateo 8:16; 9:32-33; Marcos 5:2-13).
>
> Jesús creyó con certeza que había echado fuera los demonios de esos individuos. Hizo de este hecho en su ministerio una prueba de su divina misión. (Mateo 12:26-28).[7]

Los ángeles en su muerte y resurrección

Al final de los tres años del ministerio de Jesús, cuando se acercaba el tiempo para la increíble e incomprensible conclusión del plan de Dios para la redención de la humanidad, nuevamente los ángeles se volvieron activos en lo natural.

Cuando Jesús tomó el camino a Jerusalén por última vez, ¿puede usted imaginar las legiones de ángeles invisibles que deben de haberse cernido sobre Él? Tal vez lo estaban fortaleciendo para la dura prueba que vendría.

Mientras Jesús se acercaba a la ciudad de Jerusalén para comer la Pascua con sus discípulos, hubo una "espontánea" explosión de bienvenida de parte de las multitudes congregadas de todo el mundo conocido para esta fiesta trascendente.

¿Es posible que los ángeles orquestaran esta efusión de amor y bienvenida? (La bienvenida de la multitud había sido profetizada en las Escrituras).

¿Los ángeles volvieron a gritar de gozo cuando Jesús fue recibido de esta manera? ¿O estuvieron en silencio, sabiendo lo que le esperaba? Durante su arresto, Jesús comentó que, si Él oraba, su Padre le daría más de doce legiones de ángeles (alrededor de setenta y dos mil) para rescatarlo (Mateo 16:53).

Cuando se acercaba el tiempo de su juicio y crucifixión, el corazón de Jesús estaba agobiado y afligido. En Getsemaní, dejó a los discípulos en un lugar y les pidió a Pedro, a Jacobo y a Juan que oraran en un lugar más alejado. Jesús oró solo, a cierta distancia. En vez de orar, sin embargo, Pedro, Jacobo y Juan hicieron lo que muchos de nosotros hacemos: se quedaron dormidos. Mientras Jesús despertaba a los discípulos por segunda vez, llegaron los soldados para arrestarlo (Mateo 26:45-46).

Al estar dormidos, los discípulos perdieron la oportunidad de orar con Jesús, lo que probablemente les causó remordimientos en los tiempos por venir, y se perdieron la visita de un ángel. Lucas escribió que un ángel se le apareció a Jesús desde el cielo para fortalecerlo mientras Él oraba (Lucas 22:43).

Al tercer día después de la crucifixión, las mujeres llegaron a la tumba de Jesús con especias y ungüentos. Se preguntaban a quién podrían pedirle que quitara la piedra del frente de la tumba, la cual había sido excavada en la roca de una pequeña colina. Se estima que esa "lápida" puede haber pesado hasta cuatro mil libras.

Cuando llegaron a la tumba, sin embargo, la piedra había sido quitada, ¡y el cuerpo de Jesús había desaparecido! Las mujeres se quedaron perplejas y, estoy seguro, se preguntaban si el sumo sacerdote o tal vez Pilato habrían ordenado que se llevara su cuerpo a otro lugar por alguna malvada razón.

De pronto, dos "hombres" se presentaron delante de las asustadas mujeres,[8] y otra vez, lo primero que los ángeles dijeron fue: "No temáis" (Mateo 28:1-7; Marcos 16:2-7; Lucas 24:1-8).

Los ángeles les preguntaron: "¿Por qué buscáis entre los muertos al que vive? ...Acordaos de lo que os habló, cuando aún estaba en Galilea" (Lucas 24:5-6.)

En ese punto, escribe Lucas, las mujeres "se acordaron de sus palabras" (Lucas 24:8). Habían olvidado lo que Jesús les había dicho que sucedería.

Me pregunto si los ángeles pueden entender cómo la gente puede olvidarse de las palabras de Jesús, o simplemente no creerlas. Los ángeles deben sacudir la cabeza muchas veces, pensando: "¿Cómo la gente puede hacer esto? ¿Cómo pueden no saber que Dios es real, que Jesús es real, y que los ángeles son reales?"

Después de su resurrección, Jesús apareció a sus discípulos y a otros seguidores y pasó un período de alrededor de cuarenta días con ellos antes de ascender al cielo. En su último día con los discípulos, Jesús los sacó fuera hasta Betania. Al parecer, ellos no tenían ninguna advertencia de que esta era la última vez que lo verían en la tierra. Después que Él hubo hablado con ellos un rato, fue recibido arriba en el cielo, donde una nube lo ocultó.

En este punto, tenemos el último mensaje entregado por ángeles durante la época de Jesús en la tierra. Dos "hombres" aparecieron de pronto e hicieron una pregunta, como si se preguntaran por qué los seguidores más próximos a Jesús no entendían lo que estaba pasando (Hechos 1:9-11).

Sin embargo, añadieron palabras de seguridad que les dieron esperanza; palabras que han brindado esperanza a sus discípulos a lo largo de los siglos.

> Varones galileos, ¿por qué estáis mirando al cielo? Este mismo Jesús, que ha sido tomado de vosotros al cielo, así vendrá como le habéis visto ir al cielo.
>
> —Hechos 1:11

Como cristianos, creemos que Jesús volverá a venir por nosotros de la misma manera en que se fue. ¿Qué harán los ángeles para anunciar su Segunda Venida?

Dick Mills escribió:

> Tengo la firme convicción de que antes de la segunda venida de nuestro Señor, habrá tanta actividad angélica como hubo durante su primera venida.[9]

Esa es razón más que suficiente para que entendamos qué son los ángeles, de qué manera son diferentes de los seres humanos, de qué manera son similares, y cómo encajan en los propósitos de Dios para la tierra.

Capítulo 6

LOS ÁNGELES Y LA NACIÓN DE ISRAEL

Por James W. Goll

LOS ÁNGELES CONOCEN la tierra de Israel mejor que lo que usted conoce su propio vecindario. Han estado allí durante tanto tiempo, que parece que han dejado sus huellas en todo lugar donde se mire. Ellos siguen patrullando los cielos y los callejones de la Tierra Santa, asegurándose de que la voluntad de Dios se cumpla. Como este capítulo dejará en claro, los ángeles e Israel son inseparables.

Vemos ángeles a lo largo de toda la historia del pueblo judío, incluyendo su historia prehebraica contenida en las páginas de la Biblia. Nosotros también podemos reclamar esta historia compartida, porque nuestro Antiguo Testamento viene directamente de las Escrituras hebreas.[1] La primera mención de ángeles aparece tan tempranamente como en Génesis 3, donde fueron apostados ángeles para guardar las puertas del huerto del Edén. Después, libro tras libro, se trate de un mensaje profético o de un registro real de una batalla militar, vemos ángeles en todas partes.

Conocemos dos arcángeles por nombres que provienen de sus nombres hebreos: Gabriel y Miguel. (*Gabri'el* significa "hombre de Dios", y *Mika'el* significa "el que es como Dios"). Muchos de nuestros nombres para los diferentes tipos de ángeles provienen de raíces hebreas. Por ejemplo, querubín (plural, *querubines*) proviene del hebreo *kerúb*. La frase Yahvé *yosebh hakkerubhim* se traduce como "Yahvé sentado sobre los querubines", y frecuentemente se refiere al diseño del arca del pacto. Puede hallarse en 1 Samuel 4:4; 2 Samuel 6:2; Isaías 37:16; y los primeros versículos de los salmos ochenta y noventa y nueve.[2] Es fácil ver que los ángeles y el pueblo escogido de Dios, Israel, van juntos.

Sin embargo, lo que es realmente importante no es Israel ni los ángeles; es el Mesías Yeshúa, el Señor Jesús mismo. Él nació allí. Él ama a la gente de todo el mundo, pero su corazón está particularmente centrado en Israel, la tierra de su nacimiento, muerte, resurrección y futuro regreso definitivo. Parece que, como el propietario de la tierra y sus siervos en la historia que Jesús contó en Lucas 19:13, Él ha dejado a sus ángeles con la instrucción de "ocuparse hasta que yo regrese". Ellos son fieles en obedecerle. Hasta el final, los ángeles siempre estarán "preparando el camino del Señor". Ellos existen para servirlo.

Encuentros angélicos bíblicos en Tierra Santa

Dios es el mismo ayer, hoy y para siempre. Y lo que hizo antes, lo hace de nuevo. La historia es su historia, y a Él le gusta entretejer maravillosos patrones y temas, que pueden mostrarnos lo que Él bien puede volver a hacer en nuestro propio tiempo.

Como se mencionó anteriormente en este libro, los ángeles de Dios tienden a especializarse. Como cualquier especialista, se atienen al mismo tipo de tareas. Por lo tanto, podemos esperar que Dios y sus ángeles empleen en nuestros días algunas de las mismas estrategias que están registradas como usadas en el pasado. Para ilustrar esto, se enumeran varios ejemplos de la historia de Israel en las páginas siguientes.

Gedeón y el ángel

Hubo mucho conflicto durante el período posterior a que los israelitas cruzaran la frontera hacia Canaán. Para preservar la nación, Dios envió a una serie de líderes llamados jueces. Uno de los más improbables fue Gedeón. Así es como se enteró de la misión que Dios tenía para él: "De este modo empobrecía Israel en gran manera por causa de Madián; y los hijos de Israel clamaron a Jehová… vino el ángel de Jehová, y se sentó debajo de la encina que está en Ofra, la cual era de Joás abiezerita; y su hijo Gedeón estaba sacudiendo el trigo en el lagar, para esconderlo de los madianitas. Y el ángel de Jehová se le apareció, y le dijo: Jehová está contigo, varón esforzado y valiente (Jueces 6:6, 11-12)".

Ángel o no ángel, Gedeón no estaba convencido. Esos eran

tiempos de amenazas, y él no era un guerrero notable. Para asegurarse de que este mensajero era de Dios, le pidió que esperara a que preparase una ofrenda.

> Y él respondió: Yo te ruego que si he hallado gracia delante de ti, me des señal de que tú has hablado conmigo. Te ruego que no te vayas de aquí hasta que vuelva a ti, y saque mi ofrenda y la ponga delante de ti. Y él respondió: Yo esperaré hasta que vuelvas.
>
> Y entrando Gedeón, preparó un cabrito, y panes sin levadura de un efa de harina; y puso la carne en un canastillo, y el caldo en una olla, y sacándolo se lo presentó debajo de aquella encina.
>
> Entonces el ángel de Dios le dijo: Toma la carne y los panes sin levadura, y ponlos sobre esta peña, y vierte el caldo. Y él lo hizo así. Y extendiendo el ángel de Jehová el báculo que tenía en su mano, tocó con la punta la carne y los panes sin levadura; y subió fuego de la peña, el cual consumió la carne y los panes sin levadura. Y el ángel de Jehová desapareció de su vista. Viendo entonces Gedeón que era el ángel de Jehová, dijo: Ah, Señor Jehová, que he visto al ángel de Jehová cara a cara.
>
> —JUECES 6:17-22

Esa debería haber sido una señal indiscutible, pero Gedeón necesitaba convencerse mucho más. Así que Dios le dio cada confirmación que él requirió, y también le dio instrucciones detalladas sobre la forma de prevalecer sobre los madianitas en una estrategia que implicaba una compañía selecta de solamente trescientos hombres ¡que esconderían sus antorchas bajo vasijas de barro!

Solo Dios podría llevarse el crédito por todo esto. Su ángel visitó primero a Gedeón cuando este estaba aventando la cosecha. (Los encuentros angélicos, los tiempos de cosecha y los tiempos de victoria todos fluyen juntos). Entonces, cuando el ejército de Gedeón tocó sus shofáres y quebró las vasijas de barro que ocultaban las antorchas, eso fue una imagen de cómo podemos proclamar la victoria de Dios y dejar que su luz brille, si estamos unidos y somos obedientes. Dios sigue estando hoy en el mismo negocio: el negocio de la victoria.

Dios escuchó el clamor de ayuda de los israelitas, y envió a un ángel para notificar a un líder y ayudarle a reunir las tropas necesarias, y luego Él lo ayudó a ir a la batalla y ganar.

(Una nota importante: debemos considerar que la participación angélica no garantiza que estaremos lejos de problemas. Aunque ellos vienen a liberarnos de nuestros miedos, no necesariamente quitan las circunstancias peligrosas. Cuando ellos vienen a ayudarnos, por lo general es para que podamos afirmarnos y luchar mejor y llegar a la cima.)

Abraham y los ángeles

Desde la infancia, usted ha oído la historia de la delegación angélica que visitó a Abraham y a Sara en el encinar de Mamre. "Tres hombres", que se supone eran ángeles, llegaron y le hablaron a Abraham. Él les dio la bienvenida hospitalariamente, y pronto descubrió que no eran viajeros comunes. El portavoz declaró, con la autoridad de Dios mismo: "De cierto volveré a ti; y según el tiempo de la vida, he aquí que Sara tu mujer tendrá un hijo" (Génesis 18:10). Luego pareció leer los pensamientos de Sara y le dijo: "¿Por qué se ha reído Sara diciendo: ¿Será cierto que he de dar a luz siendo ya vieja? ¿Hay para Dios alguna cosa difícil? Al tiempo señalado volveré a ti, y según el tiempo de la vida, Sara tendrá un hijo" (Génesis 18:13-14).

Aquellos visitantes angélicos no fueron los únicos en la historia de Abraham. Anteriormente, Agar, sierva de Sara, había tenido la visita de un ángel cuando todavía estaba embarazada de Ismael. Usted recordará que la razón de que estuviera embarazada era que Sara, aun estéril, (conocida como Sarai en ese momento) había dado Agar a su marido, Abraham, con la esperanza de lograr el cumplimiento de la promesa de Dios de un heredero. Agar quedó embarazada de inmediato, y como resultado la relación con su ama se deterioró, hasta el punto de que ella huyó. Ahí es donde aparece el ángel:

> Y la halló el ángel de Jehová junto a una fuente de agua
> en el desierto, junto a la fuente que está en el camino de

Shur. Y le dijo: Agar, sierva de Sarai, ¿de dónde vienes tú, y a dónde vas?

Y ella respondió: Huyo de delante de Sarai mi señora.

Y le dijo el ángel de Jehová: Vuélvete a tu señora, y ponte sumisa bajo su mano. Le dijo también el ángel de Jehová: Multiplicaré tanto tu descendencia, que no podrá ser contada a causa de la multitud.

Además le dijo el ángel de Jehová: He aquí que has concebido, y darás a luz un hijo, y llamarás su nombre Ismael, porque Jehová ha oído tu aflicción. Y él será hombre fiero; su mano será contra todos, y la mano de todos contra él, y delante de todos sus hermanos habitará.

—Génesis 16:7-12

Ambos mensajes angélicos se hicieron realidad. Sara quedó embarazada, y dio a luz a Isaac, tal como había dicho el ángel. Ahora Abraham tenía dos hijos. Sin embargo, la relación de Sara con Agar no mejoró. Finalmente, cuando Ismael era un adolescente, Sara indujo a Abraham a enviar lejos a Agar y a Ismael. Abraham y Sara nunca volvieron a verlos, pero Dios cuidaba de ellos, a fin de cumplir sus promesas a Abraham —y a Agar:

Entonces Abraham se levantó muy de mañana, y tomó pan, y un odre de agua, y lo dio a Agar, poniéndolo sobre su hombro, y le entregó el muchacho, y la despidió. Y ella salió y anduvo errante por el desierto de Beerseba.

Y le faltó el agua del odre, y echó al muchacho debajo de un arbusto, y se fue y se sentó enfrente, a distancia de un tiro de arco; porque decía: No veré cuando el muchacho muera. Y cuando ella se sentó enfrente, el muchacho alzó su voz y lloró.

Y oyó Dios la voz del muchacho; y el ángel de Dios llamó a Agar desde el cielo, y le dijo: ¿Qué tienes, Agar? No temas; porque Dios ha oído la voz del muchacho en donde está. Levántate, alza al muchacho, y sostenlo con tu mano, porque yo haré de él una gran nación.

Entonces Dios le abrió los ojos, y vio una fuente de

> agua; y fue y llenó el odre de agua, y dio de beber al
> muchacho
>
> —GÉNESIS 21:14-19

Abraham, el patriarca de Israel, y su familia tuvieron encuentros con ángeles a menudo. Además de los registros anteriores, leemos acerca de la historia del sobrino de Abraham, Lot, y los ángeles en Sodoma. Y luego está la historia de Abraham a punto de sacrificar a Isaac. Un ángel participó en eso también, y proveyó el carnero e instruyó a Abraham respecto de lo que debía hacer.

> Y cuando llegaron al lugar que Dios le había dicho, edificó allí Abraham un altar, y compuso la leña, y ató a Isaac su hijo, y lo puso en el altar sobre la leña. Y extendió Abraham su mano y tomó el cuchillo para degollar a su hijo. Entonces el ángel de Jehová le dio voces desde el cielo, y dijo: Abraham, Abraham.
>
> Y él respondió: Heme aquí.
>
> Y dijo: No extiendas tu mano sobre el muchacho, ni le hagas nada; porque ya conozco que temes a Dios, por cuanto no me rehusaste tu hijo, tu único.
>
> —GÉNESIS 22:9-12

Los ángeles guiaron y preservaron a Abraham y a su familia una y otra vez. Dios quería lograr su plan de establecer a su pueblo escogido, los judíos. También quería establecer y bendecir a los demás grupos de personas que surgieron de la simiente de Abraham. Es increíble pensar en cómo ocurrió.

Las promesas de Dios a los descendientes del patriarca Abraham, pronunciadas por medio de sus ángeles, siguen siendo válidas, a pesar de que, en general, los pueblos de Medio Oriente hasta el día de hoy no han podido darse cuenta cuánto de la promesa se cumple en Yeshúa, el Señor Jesús. Los judíos no creen que Él es el Mesías que han estado esperando, y el mundo árabe no se da cuenta siquiera de que necesita un Salvador.

Ese hecho debe llevarnos a arrodillarnos una y otra vez. Jesús dijo: "También tengo otras ovejas que no son de este redil; aquéllas también debo traer, y oirán mi voz; y habrá un rebaño, y un pastor" (Juan 10:16). Nosotros, los que hemos sido "injertados" en la vid de Israel (como escribió Pablo en Romanos 11) podemos pedirle a Dios que envíe a sus ángeles a irrumpir en la oscuridad en todo el Medio Oriente.

Daniel y el arcángel

La historia de Daniel nos da una formidable vislumbre de la invisible batalla angélica en los cielos sobre esta región del mundo. Él fue, usted recordará, un israelita exiliado en Babilonia. Él anhelaba el día en que él y sus compañeros de exilio podrían volver a su propia tierra. En una ocasión, después de que hubo ayunado y orado por tres semanas, un ángel se le apareció:

> En aquellos días yo Daniel estuve afligido por espacio de tres semanas. No comí manjar delicado, ni entró en mi boca carne ni vino, ni me ungí con ungüento, hasta que se cumplieron las tres semanas.
>
> Y el día veinticuatro del mes primero estaba yo a la orilla del gran río Hidekel. Y alcé mis ojos y miré, y he aquí un varón vestido de lino, y ceñidos sus lomos de oro de Ufaz. Su cuerpo era como de berilo, y su rostro parecía un relámpago, y sus ojos como antorchas de fuego, y sus brazos y sus pies como de color de bronce bruñido, y el sonido de sus palabras como el estruendo de una multitud.
>
> —Daniel 10:2-6

Este ángel, como hemos visto en muchas otras oportunidades, causó gran temor. Los hombres que estaban con Daniel huyeron, a pesar de que no podían ver al ángel ni oír sus palabras. Y el propio Daniel estaba abrumado:

> Quedé, pues, yo solo, y vi esta gran visión, y no quedó fuerza en mí, antes mi fuerza se cambió en desfallecimiento, y no tuve vigor alguno. Pero oí el sonido de sus palabras; y al oír el sonido de sus palabras, caí sobre mi rostro en un profundo sueño, con mi rostro en tierra.
>
> Y he aquí una mano me tocó, e hizo que me pusiese

sobre mis rodillas y sobre las palmas de mis manos. Y me dijo: Daniel, varón muy amado, está atento a las palabras que te hablaré, y ponte en pie; porque a ti he sido enviado ahora. Mientras hablaba esto conmigo, me puse en pie temblando.

—Daniel 10:8-11

El ángel procedió a explicar lo que estaba pasando y lo que iba a suceder, y para hacerlo, tuvo que hacer posible que Daniel soportara su poderosa presencia:

> Entonces me dijo: Daniel, no temas; porque desde el primer día que dispusiste tu corazón a entender y a humillarte en la presencia de tu Dios, fueron oídas tus palabras; y a causa de tus palabras yo he venido. Mas el príncipe del reino de Persia se me opuso durante veintiún días; pero he aquí Miguel, uno de los principales príncipes, vino para ayudarme, y quedé allí con los reyes de Persia. He venido para hacerte saber lo que ha de venir a tu pueblo en los postreros días; porque la visión es para esos días.
>
> Mientras me decía estas palabras, estaba yo con los ojos puestos en tierra, y enmudecido. Pero he aquí, uno con semejanza de hijo de hombre tocó mis labios. Entonces abrí mi boca y hablé, y dije al que estaba delante de mí: Señor mío, con la visión me han sobrevenido dolores, y no me queda fuerza. ¿Cómo, pues, podrá el siervo de mi señor hablar con mi señor? Porque al instante me faltó la fuerza, y no me quedó aliento.
>
> Y aquel que tenía semejanza de hombre me tocó otra vez, y me fortaleció, y me dijo: Muy amado, no temas; la paz sea contigo; esfuérzate y aliéntate.
>
> Y mientras él me hablaba, recobré las fuerzas, y dije: Hable mi señor, porque me has fortalecido.

—Daniel 10:12-19

No es extraño que Daniel apenas pudiera escuchar. Este ángel probablemente no era otro que el arcángel Gabriel, y explicaba lo que el superior de todos los arcángeles, Miguel, iba a hacer. (En gran parte debido al relato de Daniel, los judíos desde su época han afirmado que Miguel es el ángel guardián de Israel.) "Él me dijo: ¿Sabes por qué he venido a ti? Pues ahora tengo que volver para pelear contra el príncipe de Persia; y al terminar con él, el príncipe de Grecia vendrá. Pero yo te declararé lo que está escrito en el libro de la verdad; y ninguno me ayuda contra ellos, sino Miguel vuestro príncipe" (Daniel 10:20-21).

El "príncipe de Persia" era el principado de maldad que gobernaba sobre esa región. Juntos, Gabriel y Miguel resistieron no solo a ese principado sino también al "príncipe de Grecia". Dios los envió en respuesta a las fervientes oraciones de Daniel.

Encuentros angélicos actuales en Tierra Santa

Los ángeles han intervenido —a menudo abiertamente— en cada momento crucial de la historia de Israel. Hemos tenido la oportunidad de ver esto de primera mano, especialmente desde el restablecimiento del Estado de Israel en 1948. La Guerra de los Seis Días en junio de 1967 fue rápida y exitosa, añadiendo la Franja de Gaza, la península del Sinaí, Cisjordania y los Altos de Golán al territorio que Israel ya había reclamado. Luego vino la guerra de Yom Kipur.

Guerra de Yom Kipur

La Guerra de Yom Kipur de 1973 podría haber significado el fin de Israel como estado. Egipto, Jordania, Irak y Siria unieron fuerzas para montar un ataque sorpresa y, según esperaban, aniquilar a los judíos.

Lance Lambert, un pastor e intercesor inglés que durante mucho tiempo había sido amigo de Israel, se encontraba casualmente en Jerusalén cuando estalló la guerra, y él incluye un relato de intervención angélica en su libro *Battle for Israel* (La batalla por Israel), que ahora está agotado. En el relato de Lance, podemos ver obrar la mano de Dios, literalmente:

> [Un] capitán israelí sin ninguna creencia religiosa, dijo
> que en el apogeo de la lucha en Golán, miró al cielo y

vio una gran mano gris presionando hacia abajo como si estuviera reprimiendo algo. En mi opinión eso describe exactamente lo que sucedió; sin la intervención de Dios, Israel habría estado condenado

La lucha se volvió más y más severa. Galilea fue bombardeada y los sirios incluso utilizaron misiles Frog. Hubo muchos ataques aéreos en el norte, pero entonces se hizo retroceder gradualmente a Siria. Mientras tanto, Egipto era retenido en el Sinaí, donde se libró la mayor batalla de tanques de la historia del mundo el viernes 19 de octubre. Gran parte de la lucha era a tan corta distancia que los tanques ni siquiera podían maniobrar. La radio jordana lo describió como "el infierno en la tierra".[3]

Entonces las oraciones comenzaron a subir, aunque no sin una lucha. Lance encontró que en Jerusalén, como en muchos lugares, la auténtica oración colectiva se estaba convirtiendo en un arte perdido. Así que realizó una escuela de oración en el apogeo de la guerra, y Lance y su grupo de intercesores vieron respuesta a sus oraciones, y no llevó mucho tiempo. Sus fervientes oraciones incluían oraciones por los líderes mundiales, quienes estaban decidiendo si iban a participar y de qué manera en ambos bandos de la guerra. Algunos cristianos, que habían sido enseñados por el difunto Rees Howells en intercesión en las crisis, sintieron que el enemigo estaba tratando de precipitar el Armagedón. La oración no era solo una buena idea; era *vital*.

Lance señala que el derecho de existir de Israel siempre había sido impugnado. Los poderes demoníacos han tratado de destruirlo desde el principio de su historia. Esto puede deberse a que, como afirma Lance, Israel representa realidades y valores espirituales. Los antiguos israelitas no dejaron grandes monumentos como lo hicieron los egipcios con sus pirámides, pero nos dejaron la Palabra de Dios. "En esto vemos su historia establecida como una relación viva y dinámica con Dios", dice Lance. "Esta lección se ve positivamente en los puntos altos de su vida espiritual y negativamente en esos momentos en que cayó y se alejó del Señor. Dios le estaba enseñando a Israel que todo depende de una relación correcta con Él mismo. Es así como toda la historia de Israel es una exposición de realidades espirituales. No es una cuestión de historia secular sino el despliegue del propósito de Dios para salvar a la humanidad".[4]

Oí otro testimonio sobre lo ocurrido en la Guerra de Yom Kipur de alguien que dijo: "Al final, había tres mil tanques egipcios que subían desde el Sinaí, y los egipcios oyeron un descomunal y fuerte estruendo, y detuvieron su avance". Los egipcios creyeron que era el sonido de miles de tanques que iban contra ellos. Pero no había miles de tanques israelíes acercándose. Las personas que dieron ese testimonio creían que Dios había enviado a sus ángeles y que el estruendo era resultado de eso. Las tropas de Israel también oyeron el estruendo. Parte de esa batalla no ocurrió. Se detuvo repentinamente.

Dios lo hizo en la época de Abraham. Lo hizo en la época de Gedeón. Lo hizo en la época de Daniel. Y lo hizo en la Guerra de Yom Kippur. Los ángeles están a disposición, y se darán a conocer en respuesta al ferviente clamor del pueblo de Dios.

La boda de la Iglesia e Israel

Siempre he transmitido lo que hoy llamaríamos un "valor fundamental" respecto al sentir de Dios por Israel. Pero no enseñé ni prediqué mucho sobre el tema hasta que tuve una experiencia que llamo "la boda de la Iglesia e Israel". Mencioné la experiencia en mi libro *The Prophetic Intercessor* (El intercesor profético) pero aquí quiero darle algunos antecedentes más sobre el componente angélico.

Cuando mi difunta esposa, Michal Ann, y yo estábamos empezando a viajar y a tener algunas de nuestras propias conferencias y seminarios, realizamos una en un centro de retiros del parque estatal de Georgia. Inmediatamente antes de este evento, había tenido un par de sueños increíbles en los que había visto bodas. En los sueños, yo estaba con amigos que estaban trabajando para fortalecer a la Iglesia y que tenían vínculos con Israel. En los sueños, cuando la novia llegaba al altar para reunirse con el novio, de alguna manera yo sabía que el novio simbolizaba a Rusia y que la novia simbolizaba a Israel. El sueño tenía muchos aspectos; ese era solo uno de ellos. El sueño era un aviso para que yo fuera a la antigua Unión Soviética, especialmente a Rusia, para ser parte del alcance a los judíos de allí.

De todos modos, volviendo al centro de retiros de Georgia, uno de los temas principales era Israel. Una noche, antes de cuando yo debía hablar, nos dedicamos a un tiempo de adoración. De pronto, en una clara visión, vi a un ángel de aspecto inusual en el rincón de la sala de la casa de campo en que estábamos. Solo había visto a unos pocos hasta ese tiempo, así que quedé perplejo por la ropa que llevaba este ángel. El ángel vestía una brillante túnica blanca de boda. Y oí decir al ángel: "Yo he venido para emitir un mensaje sobre la boda de la Iglesia e Israel".

Me adelanté para dar el mensaje de la noche, y todo lo que sé es que esa noche hablé mucho más allá de todo lo que había estudiado o practicado. Sentía como si el ángel hubiera creado nueva fe en mí y me hubiera impartido una clase de conocimiento y revelación que yo no había tenido antes. Hablé extensamente sobre el nacimiento de la nación de Israel, el moderno éxodo de los judíos de los países del norte (Rusia y los países europeos que habían estado involucrados en el Holocausto de la Segunda Guerra Mundial) a Israel, y cómo ese éxodo estaba facilitando y seguiría facilitando la boda de la Iglesia e Israel. ¡El cambio está llegando! Vendrá tanto de la perspectiva de la Iglesia respecto de Israel como de la perspectiva de Israel respecto de la Iglesia.

Usted puede leer mucho más sobre mi participación en la manifestación exterior de la boda de la Iglesia e Israel en el capítulo 9 de mi libro *The Prophetic Intercessor* (El intercesor profético) que se llama "Israel, el calendario profético de Dios", y en mis libros *Exodus Cry* (*Clamor del éxodo*) y *Praying for Israel's Destiny* (Orar por el destino de Israel).

Un ángel llamado Despertar de Israel

En las reuniones de renovación en Long Island, Nueva York, donde yo estaba ministrando en diciembre de 2006, vi algo que no había visto nunca. El sábado, durante la parte de adoración del servicio nocturno de cierre, sentí que algo entraba al auditorio; era como si la atmósfera hubiera cambiado repentinamente. Miré hacia arriba, y un ángel del Señor se manifestó volando en el viento y cerniéndose en el aire, llevando un shofar. Estaba vestido con una radiante vestimenta blanca suelta con una faja de oro envuelta desde un hombro hasta la cintura. Había palabras escritas en la faja. Las palabras eran: "Despertar de Israel". Tan pronto como apareció ante mí, desapareció.

Procedí a predicar mi mensaje esa noche sobre "Los cielos abiertos y los ángeles ministradores". Al cierre, entramos en un prolongado tiempo de ministración. Yo esperaba el momento apropiado para presentar esta actividad que había visto durante el tiempo de adoración. Entonces, otra vez, sentí que la atmósfera cambiaba.

En ese momento, le dije a la gente que un ángel llamado Despertar de Israel había sido enviado para traer un despertar espiritual tanto a los judíos (en cuanto a los propósitos de Dios en Israel) como al Cuerpo del Mesías, la Iglesia de Jesucristo, respecto al rol de apoyar a Israel en los últimos días.

La confirmación llegó inmediatamente —solo Dios puede hacer esto. El hombre que era el anfitrión de las reuniones se levantó y leyó algo que había escrito en su anotador. También él había percibido en el servicio que un ángel había entrado en la reunión esa noche para despertar a la Iglesia respecto de Israel. Comparamos nuestras notas: ambos habíamos anotado que el nombre del ángel era Despertar de Israel.

Así que prepárese: ¡el cambio ya viene! Los ángeles están obrando tanto en la Iglesia como en Israel.

—James W. Goll

Conflicto Israel-Hezbolá de 2006

Desde mediados de julio hasta el cese del fuego a principios de agosto de 2006, las noticias fueron dominadas por el conflicto entre las fuerzas de Hezbolá, con base en el Líbano al norte de Israel, y la Fuerza Aérea Israelí y las Fuerzas de Defensa Israelí (infantería).

Durante ese tiempo, cristianos del mundo occidental comenzaron a intensificar sus oraciones por Israel. Bill Yount, un profeta con sede en Maryland quien contribuyó con un relato de un ángel al capítulo 8, tuvo una visión:

> Vi ángeles fuertes con las alas punta con punta sobre las fronteras de Israel. En un momento, vi que aparecía una "pequeña brecha" en una negra nube demoníaca que se cernía sobre la nación de Israel. Cuando apareció esa pequeña brecha en esa nube, simultáneamente las fronteras de Israel se iluminaron como con una intermitente luz verde de señalización del Cielo: "¡Tenemos 'un visto bueno' para el lanzamiento!"
>
> Inmediatamente vi a muchos de estos ángeles fuertes que eran liberados de su tarea en las fronteras de Israel y enviados (como en un caso de emergencia) a entregar personalmente mensajes a las iglesias de todo el mundo para que oraran por la paz de Jerusalén.[5]

¿Ve usted cómo está todo vinculado y cómo los ángeles juegan un papel muy importante? Israel, la tierra de la promesa de Dios, está guardada y es ayudada por batallones de ángeles que son soltados por las oraciones de los creyentes fieles de todas partes. El ojo de Dios está sobre Israel, y podemos esperar ver, en respuesta a las declaraciones de Dios, ángeles que se levantan para afectar acontecimientos de importancia mundial.

LA CIUDAD CELESTIAL

Piense en eso: la ciudad física de Jerusalén, la ciudad de David, ha dado realmente su nombre a la ciudad celestial del último cielo, que está repleta de innumerables huestes celestiales:

Porque no os habéis acercado al monte que se podía palpar, y que ardía en fuego, a la oscuridad, a las tinieblas y a la tempestad, al sonido de la trompeta, y a la voz que hablaba, la cual los que la oyeron rogaron que no se les hablase más sino que os habéis acercado al monte de Sion, *a la ciudad del Dios vivo, Jerusalén la celestial, a la compañía de muchos millares de ángeles,* a la congregación de los primogénitos que están inscritos en los cielos, a Dios el Juez de todos, a los espíritus de los justos hechos perfectos, a Jesús el Mediador del nuevo pacto, y a la sangre rociada que habla mejor que la de Abel.

—HEBREOS 12:18-19, 22-24, ÉNFASIS AÑADIDO

Así también nosotros nos unimos a los coros celestiales, adorando y trabajando para introducir el Reino de Dios en la tierra, investidos de poder por el Espíritu y con la ayuda de ángeles, declarando: "¡Digno, *digno* es el Cordero!"

Parte III

Lo que hacen los ángeles

Capítulo 7

LOS ÁNGELES ADORAN A DIOS

Por Ron Phillips

En lo que respecta a lo que hacen los ángeles, ellos son, ante todo, ¡adoradores del Dios vivo! ¡Fueron creados para adorar, al igual que nosotros! Quizás el relato más antiguo de toda las Escrituras sea el libro de Job. En la reprensión de Dios a Job, podemos captar una vislumbre de la antigüedad.

> ¿Dónde estabas tú cuando yo fundaba la tierra? Házmelo saber, si tienes inteligencia. ¿Quién ordenó sus medidas, si lo sabes? ¿O quién extendió sobre ella cordel? ¿Sobre qué están fundadas sus bases? ¿O quién puso su piedra angular, Cuando alababan todas las estrellas del alba, y se regocijaban todos los hijos de Dios?
>
> —Job 38:4-7

Los ángeles aclamaban cuando Dios el Padre dio trajo su creación al ser. Ellos no fueron observadores silenciosos de las grandes obras del Padre; respondieron con cantos y gritos mientras su gran poder se extendía en el vasto universo.

Las Escrituras registran con entusiasmo a los ángeles que bendicen y adoran a Dios nuestro Padre: "Bendecid a Jehová, vosotros sus ángeles, poderosos en fortaleza, que ejecutáis su palabra, obedeciendo a la voz de su precepto" (Salmo 103:20).

Los ángeles vigilan las actividades de la vida de la Iglesia. Primera de Timoteo 5:21 nos permite saber que ellos no operarán si nosotros violamos lo que el Espíritu Santo nos ha encargado hacer: "Te encarezco delante de Dios y del Señor Jesucristo, y de sus ángeles escogidos, que guardes estas cosas sin prejuicios, no haciendo nada con parcialidad".

Ángeles alrededor del trono

Desde que nací de nuevo he tenido interacción con los ángeles. Mi primer contacto con los ángeles fue cuando tuve mi primer viaje al cielo. Cuando vi al Señor, Él estaba cubierto por ángeles.

Vi el trono, y estaba cubierto por una miríada de ángeles que estaban en éxtasis. Estaban tan cerca de Dios que eran inundados por su amor. Su reacción ante eso era como si no pudieran manejarlo. Había demasiado amor. El amor de Dios que se irradiaba sobre ellos los abrumaba.

Creo que los creyentes tienen la idea de que cuando estemos en el cielo vamos a acostumbrarnos al amor de Dios, que en la eternidad estaremos acostumbrados a estar expuesto a él. ¡No! El amor de Dios es una experiencia creciente, y yo veía que hasta los propios ángeles se sienten abrumados por él. Usted podría pensar que como estos ángeles han estado alrededor de Dios todo este tiempo, desde el comienzo de la creación, deben estar acostumbrados a eso, pero hay niveles y niveles de su amor que Él les revela y les manifiesta.

Lo que vi era como una sobredosis, un momento en el que los ángeles experimentaban una sobredosis de su amor y su placer. La Biblia dice: "En tu presencia hay plenitud de gozo; delicias a tu diestra para siempre" (Salmo 16:11).

Eso es lo que vi. Los vi en una experiencia extática de placer del Señor.

Ese fue mi primer encuentro visual con los ángeles.

Y fue entonces que el fuego de Dios comenzó a caer a través de ellos hacia mí. Era como constantes destellos de rayos y bolas de fuego que salían de Dios. Él solo emana amor, así que el fuego vino sobre mí, y así es como fui tocado por el fuego personal de Dios —su amor, el Espíritu Santo, su fuego.

—GEORGIAN BANOV, EVANGELISTA Y
COFUNDADOR DE GLOBAL CELEBRATION

REUNIÓN DE LA IGLESIA EN EL FIN DE LOS TIEMPOS

A medida que avancemos hacia el final de la era, las apariciones angélicas se harán más frecuentes. En hebreos, hay una imagen bíblica de las reuniones de la Iglesia que a la mayoría de nosotros se nos ha pasado por alto. Estoy convencido de que esto describe la adoración poco antes de que Jesús venga a buscar la Iglesia al final. En nuestra adoración, la dimensión de gloria —lo celestial— irrumpe y se mezcla con nosotros. ¿Podrá ser que la escena descrita en Hebreos 12 sea una imagen de la Iglesia reunida en la tierra en vez de los cielos?

> Sino que os habéis acercado al monte de Sion, a la ciudad del Dios vivo, Jerusalén la celestial, a la compañía de muchos millares de ángeles, a la congregación de los primogénitos que están inscritos en los cielos, a Dios el Juez de todos, a los espíritus de los justos hechos perfectos, a Jesús el Mediador del nuevo pacto, y a la sangre rociada que habla mejor que la de Abel.
>
> —HEBREOS 12:22-24

La verdadera adoración trae "la Jerusalén celestial" a nuestras reuniones. Nos reunimos con una "compañía de muchos millares de ángeles".

Tenga en cuenta las siguientes verdades. En primer lugar, la Iglesia no tendrá temor de la presencia manifiesta de Dios. Cuando se lee el registro de Moisés en Éxodo 19, esencialmente los israelitas estaban atemorizados por la presencia de Dios. Habían visto su gran juicio sobre Egipto, y el miedo se apoderó de ellos. Muchas personas tienen hoy miedo de la poderosa y gloriosa presencia de Dios.

> Aconteció que al tercer día, cuando vino la mañana,
> vinieron truenos y relámpagos, y espesa nube sobre el
> monte, y sonido de bocina muy fuerte; y se estremeció
> todo el pueblo que estaba en el campamento. Y Moisés
> sacó del campamento al pueblo para recibir a Dios; y se
> detuvieron al pie del monte. Todo el monte Sinaí hu-
> meaba, porque Jehová había descendido sobre él en fuego;
> y el humo subía como el humo de un horno, y todo el
> monte se estremecía en gran manera. El sonido de la bo-
> cina iba aumentando en extremo; Moisés hablaba, y Dios
> le respondía con voz tronante.
>
> —Éxodo 19:16-19

Dios descendió, pero el pueblo no se acercó. ¡Observe que era el tercer día! Este evento se celebraba en la fiesta de Pentecostés. En este encuentro ellos recibieron la ley, pero perdieron la presencia de Dios. Le dijeron a Moisés en esencia: "¡No vuelvas a hacer esto jamás!"

Otro "tercer día" vino mil cuatrocientos años después. Como estaba profetizado, en este tercer día Jesús resucitó de entre los muertos. En la fiesta de Pentecostés, cuarenta días después, el poder de Dios volvió a sacudir la tierra. Esta vez las manifestaciones del Espíritu fueron recibidas por la Iglesia Primitiva. Desafortunadamente muchos en la Iglesia de hoy tienen miedo de la presencia de Dios.

Mire otra vez este pasaje de Hebreos y vea cómo debería verse la reunión de la Iglesia del tiempo del fin: "Pero ustedes han acercado al monte Sión, a la ciudad del Dios vivo, Jerusalén la celestial, a la compañía de muchos millares de ángeles" (Hebreos 12:22). En Hebreos 12:22-27 se identifican siete puntos que nos muestran cómo se verán las reuniones de la Iglesia del tiempo del fin. Son:

- Los ángeles se reúnen con la Iglesia del Reino para dar gloria a Dios.

- Adoración intensificada: El monte de Sion fue donde David colocó un coro y una orquesta por treinta y tres años, la duración de la vida de Jesús en la tierra. Su alabanza era ofrecida continuamente. Cuando la Iglesia del tiempo del fin se reúne, la alabanza y la adoración avanzan al siguiente nivel.

- Innumerables ángeles se unen en la adoración; ¡en realidad, habrá demasiados ángeles para contarlos!

- La adoración irrumpe a otra dimensión y el cielo besa a la Iglesia: La separación entre el ámbito espiritual y este mundo es desdibujada y alterada en la Iglesia del Reino: "La congregación de los primogénitos que están inscritos en los cielos, a Dios el Juez de todos, a los espíritus de los justos hechos perfectos" (Hebreos 12:23).

- Dios habla una palabra fresca sobre los últimos días a través del ministerio profético: la asistencia angélica manifestará la palabra profética a la Iglesia del tiempo del fin. La Iglesia del Reino experimentará la revelación directa desde el celestial trono de la gracia. Los ángeles velarán sobre esa palabra y la darán a conocer por medio de la Iglesia: "Mirad que no desechéis al que habla. Porque si no escaparon aquellos que desecharon al que los amonestaba en la tierra, mucho menos nosotros, si desecháremos al que amonesta desde los cielos" (Hebreos 12:25).

- La Iglesia sacudida hasta sus cimientos para que sea quitado todo lo innecesario: "La voz del cual conmovió entonces la tierra, pero ahora ha prometido, diciendo: Aún una vez, y conmoveré no solamente la tierra, sino también el cielo. Y esta frase: Aún una vez, indica la remoción de las cosas movibles, como cosas hechas, para que queden las inconmovibles" (Hebreos 12:26-27).

- La Iglesia recibe la verdad del Reino y manifiesta el poder del Reino para evangelizar el mundo del Tiempo Final.

Observe que todo esto sucede con la presencia y la ayuda de una "compañía de muchos millares de ángeles". Comprenda esto: debemos esperar y aceptar más contacto angélico en los últimos días. Ya ha comenzado una sacudida, y están ocurriendo avistamientos de ángeles donde el Reino está avanzando.

Esto no debería sorprendernos ya que en el Antiguo Testamento los ángeles siempre son observados cerca del templo adorando continuamente. Puesto que nuestros cuerpos son templos del Espíritu Santo, nuestros corazones se convierten en el Lugar Santísimo cuando entramos en adoración íntima. Los ángeles son atraídos por la adoración apasionada. Cuando nos reunimos en la asamblea de la Iglesia, debemos percatarnos de que estos gloriosos seres que son más antiguos que el tiempo están reunidos con nosotros. ¡Ellos le siguen dando toda su adoración a Dios! Lo que los ángeles hacían al principio lo siguen practicando eones después al fin de la era. Están alabando a Dios el Padre y a su Hijo, el Señor Jesucristo. Juan describe en Apocalipsis 5, una escena celestial donde él vio y oyó las voces de muchos ángeles, seres vivientes, y ancianos que adoran alrededor del trono. En el versículo 11 él indica que esta asamblea masiva eran "millares de millares y millones de millones" (NVI). Ellos adoraban a gran voz.

Ángeles que conducen a la presencia de Dios

¿Alguna vez ha estado en una reunión de adoración donde se puede decir que la "temperatura" espiritual subió a un nivel superior? Algo parecía muy especial al respecto. Usted puede haberlo identificado como lo que yo llamo la "presencia manifiesta de Dios".

En lo natural, esto sucede todo el tiempo; no la presencia manifiesta de Dios, sino más bien una "presencia" natural que entra en una habitación con una persona. Incluso cuando su compañero de trabajo vuelve de vacaciones, puede traer consigo una sensación de relajación. O puede ocurrir lo contrario: su cónyuge puede venir a casa trayendo consigo toda la tensión del difícil día de trabajo. Yo creo que los ángeles, que pasan gran parte de su tiempo delante del trono de Dios, ¡no pueden evitar llevar su presencia a un lugar! A veces esa presencia es un aroma perceptible o una sensación de electricidad o una luz visible. Otras veces se trata de una formidable e incluso pesada sensación de presión. La santidad de Dios sobrecarga la atmósfera, y eso afecta a sus ángeles, que no pueden sino traer una ola extra de su santidad dondequiera que vayan.

Recuerdo estar en Kansas City en 1975 en la Conferencia Nacional de Pastores, que se celebró en el Auditorio Municipal. Muchos de los "generales de la fe" estuvieron allí, la mayoría de los cuales ya partieron con el Señor. Recuerdo que Ern Baxter dio uno de los más impactantes mensajes que he escuchado jamás, llamado "Venga tu reino". Tenía un inusual grado de autoridad sobre él, y estaba declarando el gobierno de Dios. Algo santo sucedió en la adoración, se soltaron palabras proféticas, y se produjo un cambio. No eran solo los generales de la fe los que se hallaban presentes: también aparecieron algunos generales del cielo.

En respuesta a la santa presencia de Dios, cada hombre se quitó los zapatos en una unificada respuesta de humildad. Acabamos postrados sobre nuestros rostros. Era lo menos que podíamos hacer. Ninguno de nosotros teníamos sobre nuestras cabezas coronas que pudiéramos arrojar delante de Dios, pero teníamos zapatos en los pies. Fue un verdadero momento kairos, en que el cielo y la Tierra se reunieron, una santa intersección. Los ángeles estaban presentes, probablemente por miles, y reconocimos que estábamos parados en suelo santo. El clima cambió enormemente, de uno de familiaridad con Dios a uno de temor del Señor. Los ángeles llegaron al Auditorio Municipal, llevando la luz dorada del cielo a la tierra.

Podemos suponer que, cada vez que sentimos la presencia de Dios, los ángeles están en un lugar, independientemente de si podemos verlos o no. Nuestra respuesta siempre va a ser adoración: ¡Santo, santo, santo es el Señor de los ejércitos!

—JAMES W. GOLL

Como John Paul Jackson describe la escena en su libro *7 Days Behind the Veil* (Siete días detrás del velo): "La razón por la cual todo el Cielo sigue repitiendo: 'Santo, santo, santo' no es que eso sea lo único que hacen allá arriba, rasgando sus pequeñas arpas de oro. '¡Santo!' es el testimonio de lo que Dios ha hecho. Cada vez que Dios actúa, la acción es santa, por lo que los ángeles y todas las demás criaturas celestiales dan testimonio de ese acto santo y claman '¡Santo!'".[1]

Como aliados de los ángeles, no podemos permanecer en silencio cuando experimentamos las poderosas obras de Dios. Nosotros también debemos gritar sus alabanzas, porque Él es digno. Si los ángeles, que no son receptores de la gracia salvadora de Jesucristo, nunca dejan de adorar, ¡cuánto más nosotros debemos apresurarnos a darle toda nuestra alabanza!

Capítulo 8

LOS ÁNGELES NOS PROTEGEN

Por Ron Phillips

EL SALMO 34:7 dice: "El ángel de Jehová acampa alrededor de los que le temen, y los defiende". Y en el Salmo 91:11 leemos: "Pues a sus ángeles mandará acerca de ti, que te guarden en todos tus caminos". Los ángeles de Dios guardan y rescatan a todos los que lo reverencian. La verdad de este versículo se hizo notoria en la vida del difunto Bill Bright, presidente de Cruzada Estudiantil para Cristo, hace varios años. Sus viajes lo llevaban de continente en continente cada año. Viajaba en todo tipo de circunstancias y, a menudo, enfrentaba el peligro. Pero decía que siempre había paz en su corazón ya que el Señor estaba con él. Sabía que estaba rodeado por sus ángeles guardianes que lo protegían.

En Pakistán, durante una época de gran agitación política, había terminado una serie de reuniones en Lahore y era llevado a la estación de trenes. Aunque él no estaba al tanto de lo que sucedía, una enfurecida multitud de miles de personas marchaba hacia la estación para destruirla con bombas Molotov.

El director de la línea ferroviaria hizo subir apresuradamente a todos al tren, puso a cada uno en su compartimiento, y les dijo que no abrieran las puertas bajo ninguna circunstancia. El viaje en tren a Karachi requeriría más de veinticuatro horas, que era justo el tiempo que Bill Bright necesitaba para terminar de reescribir su libro *Come Help Change the World* (Ven y ayúdame a cambiar el mundo).

Él relata que se puso el pijama, se reclinó en la cucheta y comenzó a leer y escribir. Cuando el tren llegó a Karachi veintiocho horas después, descubrió cómo ángeles guardianes los habían vigilado y protegido a todos ellos. El tren que los precedía había sido quemado cuando estudiantes amotinados se acostaron en las vías y se negaron a moverse. El tren pasó por encima de ellos. En represalia, la turba incendió el tren y mató a los oficiales.

Bill Bright estaba en el siguiente tren, y los manifestantes estaban dispuestos a hacer lo mismo con ese convoy. Dios milagrosamente fue delante del tren y de sus pasajeros, y no hubo contratiempos. Llegaron a Karachi y descubrieron que se había declarado la ley marcial y todo estaba tranquilo. Una camioneta de la Cruz Roja los llevó hasta el hotel, y allí Dios los siguió protegiendo. Cuando la violencia se calmó, Bill Bright pudo tomar un avión para Europa. Las Escrituras son verdad; Dios envía a sus ángeles guardianes para proteger y rescatar a los que lo reverencian.[1]

Hay ángeles que desean manifestarnos los beneficios del Señor. Estos ángeles no otorgan los dones y la protección de Dios, pero desean que nos unamos al Señor entrando en su presencia, el lugar secreto del Altísimo. Los ángeles adoran en la presencia de Dios, y allí encuentran su favor.

En los tiempos bíblicos, los judíos devotos que adoraban en el templo llevaban una cubierta llamada *talit* o chal de oración. Este chal era una cubierta privada para los intercesores: un escudo que simbolizaba que estaban pasando tiempo íntimo a solas con Dios. El talit se sigue usando hoy.

Así es nuestro lugar secreto: una cubierta. El rey David escribió: "El que habita al abrigo del Altísimo morará bajo la sombra del Omnipotente" (Salmo 91:1). Tenemos que "morar" bajo la sombra del Omnipotente. La palabra *morar* significa "quedarse toda la noche". Habla de la intimidad de un esposo y su esposa que se quedan toda la noche amándose. Cuando moramos en la presencia de Dios, la gloria divina nos cubre, nos ama, y se cierne protectora sobre nosotros.

Después que, mediante la confianza, entramos en esta estrecha relación con Jesús, nos convertimos en beneficiarios del favor divino y disfrutamos de la protección de los ángeles.

UN LUGAR DE PROTECCIÓN

Como un aguilucho en el nido de su madre, usted está a salvo en la presencia de Dios. Su verdad lo cubre y lo protege. "Con sus plumas te cubrirá, y debajo de sus alas estarás seguro; escudo y adarga es su verdad. No temerás el terror nocturno, ni saeta que vuele de día" (Salmo 91:4-5).

Los terrores nocturnos son hoy un gran problema para muchos, niños y adultos por igual. El temor a la oscuridad permanece en algunos jóvenes incluso hasta en su vida adulta. Sin embargo, los desconocidos acosadores nocturnos del infierno no tienen derecho alguno cuando usted se halla en ese lugar de protección. Ninguna saeta del impío puede penetrar el escudo de la fe y la confianza que guarda la entrada al lugar secreto. En la presencia de Dios, los viejos temores se van. Mientras que otros pueden convertirse en víctimas del enemigo, usted estará a salvo debido a su íntima relación con Dios.

Hace algunos años, un hombre demente se me acercó después de un servicio de avivamiento en otra ciudad. Estaba a punto de golpearme en el estacionamiento cuando Eddie Adams, mi asistente, agarró el brazo del hombre. Con la otra mano, Eddie me empujó dentro del coche y enfrentó a mi atacante por mí. Esa noche, Eddie se interpuso entre mi agresor y yo. ¡Él fue literalmente mi escudo!

Si moramos en este lugar de protección, tenemos a Jesús y a sus huestes angélicas presentes para intervenir por nosotros a fin de ser nuestro escudo y nuestra protección. Lea este relato de primera mano de Mary Beth Barnes.

Me estaba preparando para pasar por los *Seven Steps to Freedom* (Siete pasos hacia la libertad), un ministerio de liberación y consejería, y me encontré con mucho temor del enemigo. El enemigo me decía que no me iba a dejar en paz, ni tampoco iba a dejar que fuera libre. Yo sabía que tenía que acercarme a Dios y entregarle mis miedos, o de lo contrario no sería libre del control que Satanás tenía sobre mí. Cuando comencé a orar y a contarle a Dios sobre el temor que tenía dentro, realmente entré en su presencia. Esta es la escritura que el Espíritu Santo me dio: "Porque has puesto a Jehová, que es mi esperanza, al Altísimo por tu habitación, no te sobrevendrá mal, ni plaga tocará tu morada. Pues a sus ángeles mandará acerca de ti, que te guarden en todos tus caminos" (Salmo 91:9-11).

Tan pronto como el Espíritu Santo me ministró esa escritura, vi lo que parecía ser un "pegote" negro salir de las ventanas y de cada portal de mi casa; luego atravesó mi jardín delantero y cruzó al otro lado de la calle. Cuando estuvo al otro lado de la calle tomó la forma de "sombras" de apariencia humana, varias figuras oscuras.

Mientras seguía mirando estas figuras oscuras, de pronto vi enormes figuras vestidas de blanco, de pie, a una distancia de alrededor de seis pies del perímetro de mi casa. Parecían estar al menos a diez pies de altura, con una complexión muy ancha, y en su mano derecha sostenían enormes espadas encendidas. Ya que estaban en posición de firmes, su atención se centraba en la vigilancia de mi hogar y nada más.

Las sombras negras intentaron entrar por la fuerza entre cada ángel, pero solo se les permitió acercarse hasta donde estaban los ángeles. Era como si golpearan un trozo de plexiglás. Ellos no tenían absolutamente ningún poder contra la autoridad sobre la que se afirmaban los ángeles. Estos ángeles no pelearon con ellos, ni tampoco lucharon con las sombras negras; simplemente hacían guardia con las espadas encendidas alrededor de mi "morada".

En una nota final, el Señor me había "guardado en todos mis caminos" e impulsado a una vida de libertad sin temor por el poder de su Espíritu Santo.

Hay un lugar donde ni el diablo ni la enfermedad pueden perturbar nuestro caminar o destruir nuestro testimonio de Jesús. Mire, ¡andamos por causa de su fuerza! ¡Realmente llevamos su morada con nosotros! Los ángeles cuidan todos nuestros pasos.

PROTOCOLO ANGÉLICO

Los ángeles operan según el protocolo divino. Son criaturas de orden y disciplina. La mayoría de las veces, deseamos saltear un paso y obtener nuestro milagro o nuestro avance instantáneamente. Pero hay tres niveles importantes que escalar antes de que

Dios manifieste un crecimiento. El Salmo 91 da el protocolo para el crecimiento.

1. Intimidad: moverse a un terreno más seguro

La primera clave para la victoria es la intimidad con Dios: "El que habita al abrigo del Altísimo morará bajo la sombra del Omnipotente. Diré yo a Jehová: Esperanza mía, y castillo mío; mi Dios, en quien confiaré" (Salmo 91:1-2).

Si usted va a evitar el mal, debe tener una relación íntima con Jesucristo. Del mismo modo, si desea obedecer los mandamientos de Cristo, debe permanecer en Él. Solo en los dos primeros versículos del Salmo 91, encontramos cuatro diferentes nombres de Dios. Nuestro Creador quiere que sepamos su nombre, para que conozcamos su verdadero carácter.

¿Cómo entra usted a la presencia de Dios y permanece allí? Aquí está la puerta de oro a la presencia de Dios: "Diré yo a Jehová: Esperanza mía, y castillo mío; mi Dios, en quien confiaré" (Salmo 91:2).

Mire, ¡Dios habita en la alabanza! Cuando empezamos a confesar audiblemente su Palabra con nuestra boca, cuando ensalzamos su fuerza y su poder, entonces descubrimos el lugar de intimidad con Él. Usted se mueve a lo que el salmista David llama el lugar secreto del Altísimo, una puerta abierta a su presencia.

Cuando considera el Salmo 91:1-2, ¡usted sabe que Dios desea nuestro amor! Todo fluye de Dios cuando tenemos un amor apasionado por Él.

2. Invencibilidad: la primera línea de defensa

Este salmo se mueve desde la intimidad a un nuevo nivel de protección, creo yo, provisto por los ángeles.

> El te librará del lazo del cazador, de la peste destructora. Con sus plumas te cubrirá, y debajo de sus alas estarás seguro; escudo y adarga es su verdad. No temerás el terror nocturno, ni saeta que vuele de día, ni pestilencia que ande en oscuridad, ni mortandad que en medio del día destruya. Caerán a tu lado mil, y diez mil a tu diestra;

> mas a ti no llegará. Ciertamente con tus ojos mirarás y
> verás la recompensa de los impíos.
>
> —SALMO 91:3-8

Una vez que ha llegado a un lugar de completa unidad, usted se mueve a un lugar de invencibilidad. El Salmo 91 nos dice que en la seguridad de la sombra de su presencia nos escaparemos de muchas trampas del enemigo y que Dios lo "librará del lazo del cazador" (Versículo 3). En los tiempos bíblicos, se utilizaba una trampa que contenía un señuelo o carnada para atrapar aves u otros animales. El diablo pone trampas peligrosas para los creyentes, pero los que caminan, hablan y declaran quién es Jesús serán librados de estas trampas, incluyendo trampas de engaño, duda, oscuridad, fuerzas demoníacas, enfermedades, desastres y derrota.

Si usted oye a Dios y camina con Él a diario, eso no quiere decir que no le sucederán desastres. No significa que la enfermedad no vendrá; simplemente significa que esas cosas no pueden desarraigarlo de Cristo. Aquí tenemos una garantía de victoria. ¡Sus ojos verán como Dios lo guía a través de los campos de batalla de la vida con completa victoria!

Permítame compartirle una historia que fue divulgada por un programa de noticias de la cadena *FOX and Friends* en la Navidad en 2008. Los ángeles y la Navidad parecen ir juntos. Durante la semana de Navidad de 2008, Chelsea estuvo a punto de morir de neumonía. La niña de catorce años de edad, estaba a punto de ser desconectada del soporte vital cuando la Dra. Teresa Sunderland vio una imagen angélica en la puerta de la unidad de cuidados intensivos pediátricos. La imagen de blanco brillante fue captada por una cámara de seguridad. No pudo haber sido una luz extraña ya que no hay ventanas en esa parte del edificio. La Dra. Ophelia Garmon-Brown del hospital lo declara como un milagro de Navidad. Por cierto, Chelsea se recuperó de inmediato y volvió a su casa para Navidad.[2] Los ángeles ayudan en la sanidad.

3. Inmunidad: el nivel más profundo de protección

Hay una diferencia entre invencibilidad e inmunidad. Invencibilidad significa que usted puede escapar de la trampa del mal. Inmunidad significa que mucho antes de que llegue a sus límites, usted lo sabrá y estará fuera de camino. Inmunidad significa que en vez de una lucha, hay un lugar donde las fuerzas demoníacas no pueden ir. Dios provee tiempos de descanso de la lucha. Observe otra vez que la clave es la intimidad. Todo comienza con adoración íntima. El salmista se vuelve a referir a hacer del Señor la morada de uno: "Porque has puesto a Jehová, que es mi esperanza, al Altísimo por tu habitación" (Salmo 91:9).

En el lugar de inmunidad hay cuatro cosas que comienzan a suceder.

- *¡Dejan de ocurrir accidentes!* "No te sobrevendrá mal" (Salmo 91:10). De pronto, los neumáticos no se pinchan, los aparatos no se rompen, cesan las caídas que rompen huesos, y los coches no golpean su coche. Hay un lugar de inmunidad.

- *¡Las enfermedades dejan de diseminarse!* "Ni plaga tocará tu morada" (Salmo 91:10). ¿Le gustaría pasar el invierno sin gripe ni resfríos que asolen su familia?

- *¡Los ángeles empiezan a ayudar!* Los ángeles operan más eficazmente cuando usted tiene intimidad con el Señor Jesús. ¡Su casa queda protegida cuando usted lo ha hecho a Él su morada! ¡Los ángeles incluso evitarán que usted tropiece con una piedra! "En las manos te llevarán, para que tu pie no tropiece en piedra" (Salmo 91:12).

- *¡Los demonios comienzan a perder!* ¡Lo que alguna vez estuvo sobre su cabeza ahora está hollado bajo sus pies! "Sobre el león y el áspid pisarás; hollarás al cachorro del león y al dragón" (Salmo 91:13). Los ángeles le advertirán y lo protegerán de todo lo que el enemigo pueda intentar llevar contra usted. En muchos aspectos, es como una advertencia antes de un tsunami.

Se han gastado millones de dólares para colocar sistemas de alerta de tsunamis en el Océano Índico tras la devastación que asoló en diciembre de 2004. Estos nuevos dispositivos son ultra-sensibles, envían una señal de una fracción de segundo a un satélite si el océano se eleva siquiera un pie y advierte a los países afectados a minutos de la detección. Esto nos recuerda el poder de nuestra relación con Dios, ¡pues su sistema de alerta nos da aviso e informes mucho antes de que el mal pueda llegar a estorbar nuestro camino! ¡Sus agentes de alerta son los ángeles!

En la histórica casa de John Wesley, el gran metodista, hay una habitación muy pequeña arriba. Ese espacio era su cuarto de oración que él utilizaba a diario a las 4:30 a.m. No es extraño que fluyeran de Wesley muchos himnos, muchos ministerios y mucha unción. ¡Él tenía una cita con Dios a las 4:30 cada mañana! Como resultado, la promesa del Salmo 91:9-10 era suya.

La promesa de Dios es "le pondré en alto", "por cuanto en mí ha puesto su amor". ¡Poner en alto indica honor, ser hecho excelente, ser mostrado y proclamado como especial! Dios lo ha hecho a usted importante y especial porque usted lo ama.

El Salmo 91:14-15 revela claras promesas para los que habitan en su presencia, aman su nombre, y no tienen ningún deseo sino conocerlo mejor a Él.

- *Lo libraré.* ¡Esto significa que el enemigo nunca lo mantendrá en prisión espiritual de pecado!

- *Le pondré en al*to. Dios cuidará de su reputación. Deje que su promoción surja del Señor.

- *Me invocará y yo le responderé.* Dios siempre contestará sus oraciones.

- *Con él estaré yo en la angustia.* ¡Esta promesa le asegura que usted nunca se enfrentará solo a nada! En Mateo 28:20, Jesús dijo: "He aquí yo estoy con vosotros todos los días, hasta el fin del mundo".

- *Le glorificaré.* Solo los aplausos del cielo importan realmente. Su "bien hecho" es suficiente.

- *Lo saciaré de larga vida.* Dios extenderá sus días para que usted viva una vida satisfecha, plena y desbordante, ¡y deje esta vida con ardiente energía al cruzar la línea de llegada a la meta!

- *Le mostraré mi salvación.* La palabra para "salvación" en este pasaje es *Yeshua*, ¡que en hebreo es Jesús! Por lo tanto, la mejor promesa se guarda para el final: ¡Dios le mostrará a Jesús! Ver a Jesús es el principio y fin de todas las cosas.

Los ángeles levantaron ese coche y lo movieron

Hace muchos años, mi mamá y mi papá, Charles y Frances Hunter, escribieron un libro sobre los ángeles. Se titulaba, *The Angel Book* (El libro del ángel), y estaba repleto de sus propias experiencias con ángeles. Los ángeles siempre han sido parte de la vida de mi familia.

Recuerdo la primera vez que mamá vio a un ángel. Sucedió durante un servicio en la iglesia, y ella gritó, "¡Alto!" porque la visión de él la asustó. Era un ángel realmente grande, y Dios le habló de ese encuentro: "Este es el ángel que te he prometido, para cuidarte y para protegerte todos los días de tu vida".

Los seres angélicos están mucho a nuestro alrededor. Creo que la persona promedio de hoy no se da cuenta del papel y el efecto que tienen los ángeles en nuestras vidas. En momentos cotidianos como conducir en el tránsito, cuando algo sucede y de repente usted piensa: "¡No hay manera de que no haya chocado con ese coche!" No lo golpeó porque un ángel empujó el coche fuera de su camino.

Recuerdo una vez en que iba conduciendo un coche y, de pronto, otro coche venía entrando a nuestro carril e instintivamente grité: "¡Jesús!" De repente el coche se volvió a ir al otro carril.

En un momento estaba allí en nuestro carril, y al siguiente estaba de nuevo en el otro carril. No se movió hacia atrás ni avanzó hacia el otro carril; era literalmente como si los ángeles lo recogieran y lo trasladaran, y nosotros solo seguimos nuestro camino. Y esa es una clave: cuando usted clama a Jesús, Él envía ángeles. Eso lo manifiesta a Él. Eso manifiesta toda clase de cosas semejantes.

Hubo otra ocasión en que yo estaba yendo a una reunión. Yo iba en el asiento de atrás, mi hija estaba en el asiento del acompañante, y una tercera persona conducía. De repente un coche chirrió hacia nosotros, y venía directamente hacia el costado de nuestro coche.

Mi hija solo movió el brazo con un movimiento lateral. Fue una reacción instintiva, como para empujar al coche y alejarlo. Ella ni siquiera gritó "¡Jesús!" Solo movió su brazo como si corriera al coche. Y el coche se desvió. Se detuvo en dirección a nosotros.

Fueron los ángeles quienes lo movieron. Ellos redirigieron el otro coche, ¡y nos salvaron de un accidente!

¿Cuántas veces Dios, por medio de sus ángeles, realmente salvó nuestras vidas? ¡Más veces de las que sabemos!

—Joan Hunter, autora, evangelista y
fundadora de Joan Hunter Ministries

Hay algo en ese Nombre

¡Hay algo en el nombre de Jesús! Su nombre es poder, y dentro de los pliegues de su protección, los creyentes pueden conocer un lugar secreto donde hay unción, seguridad, y bendición — ¡una torre de fuerza que nos guarda del mal! Nuestro planeta se ha convertido en "los campos de muerte" del infierno, pero podemos vivir, a veces, inmunes a todas estas plagas.

Es muy importante conocer el nombre de Dios. Este "conocer"

significa mucho más que conocimiento intelectual; se refiere a la mayor intimidad posible. Conocer el nombre de Dios es estar completamente quebrantado, haber aprendido todos los secretos y matices de su carácter. ¡El nombre de Jesús abarca mucho! Miremos algunos de los nombres de Dios:

- Yavé: el Gran Yo Soy.

- Jiréh: mi Proveedor

- Tsidkenu: mi Justicia

- Rafa: mi Sanador

- Rohi: mi Pastor

- Nissi: mi Líder y Amante

- Shalom: mi Paz

- Sama: mi Compañero

Sí, Él es también nuestro Cristo, el Ungido, y el Mesías del mundo. ¡Él es maravilloso! ¡Él es nuestro Señor! ¡Él es antes del principio y después del final! ¡Él es el canto eterno de David que resuena en el tiempo y en toda la creación! Él es la estrella siempre brillante que nunca se desvanecerá. ¡Los ángeles se mueven en favor de aquellos que conocen los nombres de Dios!

Cristo Jesús es Aquel con quien nos encontramos en ese lugar secreto. Es su mano llena de cicatrices la que nos levanta y su rostro radiante el que nos da la bienvenida. Allí vamos a susurrar el nombre de Jesús y nos encontraremos morando en el Omnipotente, ¡abrumados con la promesa y la bendición de su presencia! Y allí los ángeles nos cubrirán.

Capítulo 9

LOS ÁNGELES NOS GUÍAN

Por Ron Phillips

LOS ÁNGELES DIRIGEN y protegen milagrosamente al pueblo de Dios. Considere el registro de Jacob Lepard de una dirección angélica dada a un grupo de nuestra iglesia en un viaje misionero a Brasil.

En junio de 2005, el verano antes de mi último año de estudios, a un grupo de trece estudiantes de nuestra iglesia, dos padres acompañantes, y nuestro ministro de jóvenes se les dio la oportunidad de realizar un viaje misionero a Castanhal en el norte de Brasil. Íbamos a estar fuera durante diez días, pasando la mayor parte de nuestro tiempo en la ciudad trabajando y viviendo con un pastor local y su familia. El resto del tiempo lo pasamos viajando por el río Moju, que es una rama del Amazonas, ayudándolos con su ministerio de plantación de iglesias. Después de haber estado en Castanhal por aproximadamente cinco días, empacamos nuestras cosas y subimos a un autobús que nos llevó fuera de la ciudad a un muelle cerca de la carretera, donde nos encontramos con el barco que nos llevaría río arriba. Nos habían dicho que la zona donde nos encontramos con el barco era considerablemente peligrosa, ya que recientemente allí habían ocurrido varios robos. Sin embargo, como casi todas las amenazas en Brasil, solo era peligroso por la noche, así que esta vez estábamos a salvo.

Nuestros planes para el segundo día en el río eran caminar desde las primeras horas de la tarde hasta la noche varios kilómetros por la selva hasta una aldea donde el misionero debía hablar en la iglesia. El barco tenía que dejarnos al comienzo del sendero y continuar por el río para encontrarse con una camioneta que transportaría al misionero, al pastor y a sus familias a la aldea. El plan era que todos nosotros subiéramos a la camioneta y regresáramos a nuestro barco por carretera después del servicio, pero estábamos a punto de recibir una sorpresa. Comenzamos la caminata con aprensión, después de que se nos contaran innumerables historias sobre la vida salvaje local, si bien todo el tiempo nos aseguraban que ninguno de los animales agresivos saldría hasta el anochecer, mucho después de que nosotros arribáramos a la aldea. A medida que la caminata continuaba, nuestra aprensión evolucionó hasta convertirse en un extremo deseo de no contraer un parásito de la selva ya que nuestro sendero cambió de tierra apisonada a tablones podridos suspendidos sobre un cenagoso pantano. No hace falta decir que pasé mucho más tiempo en el barro que en el sendero de ocho pulgadas de ancho. Esto ocurrió por dos razones: (1) no escuché a mi madre cuando me decía que una base de gimnasia me ayudaría más tarde en la vida, y (2) los tablones podridos tenían tendencia a doblarse o romperse bajo el peso de un norteamericano saludable. De todos modos, justo al atardecer, después de aproximadamente dos horas y media de caminata, emergimos enlodados y cansados de la selva, pero empapados de una sensación de logro y respeto por las personas que hacían el viaje a diario.

Poco después de llegar a la aldea recibimos la noticia de que el misionero, el pastor, y sus familias no habían llegado como se suponía que debían hacerlo, y nadie sabía cuándo llegarían con la camioneta. No podríamos saber sino hasta mucho después en esa noche que habían llegado tarde a encontrarse con la camioneta y, como resultado, el impaciente conductor simplemente los había dejado. En consecuencia, en el momento exacto en que llegamos a la aldea, ellos habían hecho autostop y viajaban por la carretera en un camión de cerveza con un conductor que no decía ni una palabra, solo sonreía y ayudaba cuando era absolutamente necesario.

Al recordar esa noche comprendo por qué estuvo tan llena de guerra espiritual. Hay un montón de detalles que podría compartir sobre el servicio, pero lo que más me conmovió fue lo fuerte que Dios se movió y qué inesperadamente lo hizo. La iglesia era un pequeño edificio de 30 x 30 iluminado por una sola bombilla conectada a la batería de un coche, y todos los creyentes de la zona circundante, probablemente doscientos en total, estaban apiñados allí.

Ante la ausencia del misionero esperado, nuestro ministro de jóvenes se levantó y habló, por medio de un intérprete, de lo que estaba en su corazón, que consistió principalmente en la verdad de la cruz y la realidad de la gracia. Al final del breve mensaje varias personas recibieron la salvación, después de lo cual casi todos pasaron al frente para que se orara por ellos por sanidad. Esta última parte nos tomó a todos por sorpresa. Puedo decir con seguridad que Dios estaba presente y que Él estaba cumpliendo promesas y sanando a su pueblo cuando no había médicos en cientos de millas. Estoy atónito por lo que Él hizo y por la manera en que se movió durante el servicio. Al recordar, sé que esta era la razón por la que se suponía que estuviéramos allí y la razón por la que estuvimos bajo un ataque tan fuerte del enemigo.

Para cuando el servicio terminó ya era bien pasada la hora planeada para irnos, y los demás por fin nos habían podido alcanzar, solo para informarnos que no había camioneta y que tendríamos que volver a dar una caminata por la selva tropical. La perspectiva de una caminata nocturna había estado en lo recóndito de nuestra mente todo el tiempo, sabiendo bien que las ya bajas posibilidades de mantenerse fuera del barro durante el día, se reducirían en gran medida por la oscuridad, sin mencionar el temor a las grandes serpientes. Pero ya que no teníamos otra opción, confiamos en que Dios haría un camino.

Comenzamos a citar el Salmo 91 y empezamos a caminar otra vez hacia el sendero. Probablemente a no más de cincuenta pies del comienzo del sendero escuchamos a alguien que nos gritaba que nos detuviéramos y fuéramos en cambio por la carretera, que había alguien esperándonos allí. Sin comprender plenamente, caminamos un cuarto de milla hasta la carretera desierta donde encontramos un autobús de transporte urbano con aire acondicionado esperando con el motor en marcha. Dios nos había dado una salida, que sin duda era su obra.

Abordamos el autobús y encontramos al conductor sentado en la parte de atrás. Cuando le preguntamos por qué estaba allí, su única respuesta fue que le habían dicho que esperara allí hasta que llegaran las personas, sin ofrecer ninguna otra explicación más que eso. Nos llevó todo el camino de regreso al muelle, donde habíamos abordado originalmente el día anterior, en silencio. Allí esperarnos que el barco recibiera noticias de dónde estábamos y viajara río abajo a recogernos. Nos sentamos juntos en un círculo, esperando junto al río y mirando juntarse en lo alto las nubes que manifestaban la estación lluviosa amazónica. Todo el tiempo que estuvimos sentados allí en la oscuridad, el conductor del autobús se quedó de pie solo fuera de nuestro círculo, en muchos sentidos como si estuviera haciendo guardia. Como dije, nos habían contado que el lugar era muy peligroso por la noche.

Después de una espera relativamente corta el barco llegó, y justo cuando la última persona había conseguido subir al amparo de la embarcación, la tormenta golpeó como una ola de maremoto. Volví a mirar a la ribera del río y vi el autobús avanzando de nuevo hacia la carretera. Yo no había tenido la oportunidad de hablar con el silencioso conductor en toda la noche, pero he pensado mucho en él desde entonces. Para ser sincero, no puedo decir si él o el conductor del camión de cerveza eran hombres o ángeles, pero puedo contar la historia, y sé que realmente había una oposición invisible al mover de Dios esa noche en la selva tropical. A pesar de eso, nuestro Dios estuvo presente fuertemente, y fue fiel en el cumplimiento de su palabra a los creyentes, y, aun más, fue glorificado. Esto me dice que también tuvo que haber aliados invisibles, y en dos casos posibles, unos que tomaron forma física.

La verdad es que nadie sabe quién envió el autobús, quién pagó por el autobús, o por qué estaba allí. ¿Acaso los ángeles enviaron ese autobús para ellos? ¿El conductor era un ángel? Sé que nuestros trece jóvenes fueron protegidos y sacados de la selva amazónica por ángeles.

Los intermediarios angélicos suelen ser utilizados por Dios para llevar a su pueblo de un lugar a otro. A veces solo se limitan a dar dirección, y el creyente debe, por fe, obedecer. Un evento semejante tuvo lugar en la vida de Pablo cuando estaba haciendo su último viaje a Roma. Curiosamente el ángel no pudo detener el naufragio porque los marineros ya habían violado las leyes de navegación durante esa temporada. A pesar de la advertencia de Pablo de que el viaje iba a terminar con el desastre de la pérdida de la carga, de la nave y también de sus vidas, el capitán zarpó. Pese a eso, Pablo ayunó y oró. Pronto se levantaron los vientos, la nave fue azotada, y cuando se acercaba el desastre inminente, Pablo dijo:

> Habría sido por cierto conveniente, oh varones, haberme oído, y no zarpar de Creta tan sólo para recibir este perjuicio y pérdida. Pero ahora os exhorto a tener buen ánimo, pues no habrá ninguna pérdida de vida entre vosotros, sino solamente de la nave. Porque esta noche ha estado conmigo el ángel del Dios de quien soy y a quien sirvo, diciendo: Pablo, no temas; es necesario que comparezcas ante César; y he aquí, Dios te ha concedido todos los que navegan contigo.
>
> —Hechos 27:21-24

A causa del ayuno y oración de Pablo, un ángel vino y concedió a Pablo las vidas de todos los que estaban a bordo. Incluso cuando tomamos decisiones imprudentes, los ángeles traerán sabiduría para entregar. Usted puede ser el beneficiario de que los ángeles velen por otra persona a quien ha metido en un lío. Si está en una tormenta que usted no ocasionó, ¡clame a Dios! Él enviará a sus ángeles para guiarlo.

Otro ejemplo notable es Lot, quien, junto con su familia, fue advertido del inminente juicio. Es interesante observar el ministerio de estos ángeles hacia Lot. En primer lugar, ellos eran visibles: "Llegaron, pues, los dos ángeles a Sodoma a la caída de la tarde; y Lot estaba sentado a la puerta de Sodoma. Y viéndolos Lot, se levantó a recibirlos, y se inclinó hacia el suelo" (Génesis 19:1).

Dirección angélica en sueños o visiones

En las Escrituras, los ángeles a veces visitan por medio de visiones y sueños:

- Un ángel del cielo habló a Abraham, diciéndole que no matara a Isaac en el altar (Génesis 22:11).
- Un ángel bloqueó el camino de Balaam, cuando este se disponía a maldecir a Israel (Números 22:22).
- Un ángel se le apareció a Gedeón para dirigirlo en la batalla (Jueces 6:12).
- Un ángel se le apareció a la madre de Sansón, para anunciar el nacimiento de un hijo (Jueces 13:3).
- Un ángel extendió su mano sobre Jerusalén para destruirla (2 Samuel 24:16).
- Un ángel fortaleció al profeta Elías (1 Reyes 19:5).
- Un ángel cerró las bocas de los leones, protegiendo así a Daniel (Daniel 6:22).
- Un ángel manifestó numerosas revelaciones proféticas a Zacarías (Zacarías 1-6).

—PERRY STONE, *ÁNGELES EN MISIÓN*

La mayoría de nosotros nunca hemos visto ángeles con nuestros ojos físicos; sin embargo, las Escrituras están llenas de apariciones angélicas. En el caso de Lot, él no solo los vio sino que también se acercó a ellos. Y por si este cruce divino no fuera lo suficientemente dramático, Lot realmente los invitó a su casa y se ofreció a lavar sus pies: " y dijo: Ahora, mis señores, os ruego que vengáis a casa de vuestro siervo y os hospedéis, y lavaréis vuestros pies; y por la mañana os levantaréis, y seguiréis vuestro camino. Y ellos respondieron: No, que en la calle nos quedaremos esta noche" (Génesis 19:2).

Los ángeles no dejarían que Lot lavara sus pies, pero sí comieron el banquete que preparó: "Mas él porfió con ellos mucho, y fueron con él, y entraron en su casa; y les hizo banquete, y coció panes sin levadura, y comieron" (Génesis 19:3).

Ellos eran físicamente atractivos y lucían como hombres.

> Ya estaban por acostarse cuando llegaron todos los hombres de la ciudad, los jóvenes y los viejos, y rodearon la casa. Gritando con todas sus fuerzas decían: "Lot, ¿dónde están los hombres que esta noche llegaron a tu casa? ¡Sácalos! ¡Queremos tener relaciones sexuales con ellos!"
>
> —Génesis 19:4-5 (TLA)

Sodoma era una sociedad corrupta e inmoral. Estos ángeles no solo eran visibles, sino además atractivos para los hombres perdidos de esa ciudad. Ellos no respetaban el estado santo de estos seres espirituales. De hecho, los codiciaron. Estos ángeles también tenían poder sobrenatural: "Y a los hombres que estaban a la puerta de la casa hirieron con ceguera desde el menor hasta el mayor, de manera que se fatigaban buscando la puerta… porque vamos a destruir este lugar, por cuanto el clamor contra ellos ha subido de punto delante de Jehová; por tanto, Jehová nos ha enviado para destruirlo" (Génesis 19:11, 13).

Estos ángeles estaban allí para ejecutar juicio sobre la ciudad. Sin embargo, estaban sujetos a las necesidades de Lot; sirvieron a Lot: "Date prisa, escápate allá; porque nada podré hacer hasta que hayas llegado allí. Por eso fue llamado el nombre de la ciudad, Zoar" (Génesis 19:22).

En mi propia vida he recibido dirección de los ángeles. En 1978 yo estaba en mi décimo octavo día de ministerio en el pueblo de Mingading en la isla de Mindanao, Filipinas, cuando de pronto durante el servicio, un terremoto hizo que todos los asistentes huyeran del edificio. Esa noche, más tarde, pude oír disparos, y en medio de la noche fui despertado por una persona de habla inglesa. Era obvio que mi intérprete había huido con todas sus pertenencias, y los soldados asignados para protegerme no estaban en ninguna parte. El que me despertó, dijo: "Toma todas tus cosas y prepárate para salir". Mientras empacaba mis pertenencias, este desconocido desapareció. Cuando salí de la cabaña de bambú, vi faros que venían por la carretera de montaña. Para mi alivio, era un jeep con una misionera estadounidense. La misma "persona de habla inglesa" le había dado en medio de la noche instrucciones de salir de M'lang y venir a Mingading para ayudar a alguien necesitado. Me fui con ella y fuimos al Complejo de la Misión Bautista de M'lang. A la mañana siguiente los *moros*, rebeldes musulmanes, llegaron a la aldea de Mingading buscando al norteamericano. Creo firmemente que un ángel intervino.

Mensajeros angélicos

¿Qué haríamos sin los servicios de mensajeros angélicos de Dios? Si usted se sienta y comienza a pasar las páginas de la Biblia, encontrará una historia tras otra sobre los ángeles que traen mensajes de Dios. Anuncian eventos venideros. Pronuncian juicios de Dios. Traen aliento. "Dirigen el tránsito", al decirle a la gente qué hacer, cómo hacerlo y cuándo hacerlo. Aquí tenemos una muestra de tal "mensajería instantánea" angélica, tanto del Antiguo como del Nuevo Testamentos:

- **Josué 5:13-15**. Josué se encontró con un ángel prominente que le dijo cómo tomar Jericó: "Estando Josué cerca de Jericó, alzó sus ojos y vio un varón que estaba delante de él, el cual tenía una espada desenvainada en su mano. Y Josué, yendo hacia él, le dijo: ¿Eres de los nuestros, o de nuestros enemigos? El respondió: No; mas como Príncipe del ejército de Jehová he venido ahora. Entonces Josué, postrándose sobre su rostro en tierra, le adoró; y le dijo: ¿Qué dice mi Señor a su siervo? Y el Príncipe del ejército de Jehová respondió a Josué: Quita el calzado de tus pies, porque el lugar donde estás es santo. Y Josué así lo hizo".

- **Jueces 13:3-21.** El ángel del Señor visitó a Manoa y a su esposa estéril, diciéndoles que ella daría a luz un hijo, y dándoles instrucciones específicas de qué hacer: "Cuídate de no beber vino ni ninguna otra bebida fuerte, ni tampoco comas nada impuro, porque concebirás y darás a luz un hijo. No pasará la navaja sobre su cabeza, porque el niño va a ser nazareo, consagrado a Dios desde antes de nacer. Él comenzará a librar a Israel del poder de los filisteos" (vv. 4-5, NVI). El bebé prometido era Sansón.

- **Lucas 1:19-20.** Un arcángel llevó un mensaje a Zacarías: "Respondiendo el ángel, le dijo: Yo soy Gabriel, que estoy delante de Dios; y he sido enviado a hablarte, y darte estas buenas nuevas. Y ahora quedarás mudo y no podrás hablar, hasta el día en que esto se haga, por cuanto no creíste mis palabras, las cuales se cumplirán a su tiempo".

- **Lucas 1:28-37.** Gabriel le trajo un mensaje a María: "Y entrando el ángel en donde ella estaba, dijo: ¡Salve, muy favorecida! El Señor es contigo…María, no temas, porque has hallado gracia delante de Dios. Y ahora, concebirás en tu vientre, y darás a luz un hijo, y llamarás su nombre Jesús. Este será grande, y será llamado Hijo del Altísimo; y el Señor Dios le dará el trono de David su padre; y reinará sobre la casa de Jacob para siempre, y su reino no tendrá fin…El Espíritu Santo vendrá sobre ti, y el poder del Altísimo te cubrirá con su sombra; por lo cual también el Santo Ser que nacerá, será llamado Hijo de Dios. Y he aquí tu parienta Elisabet, ella también ha concebido hijo en su vejez; y este es el sexto mes para ella, la que llamaban estéril; porque nada hay imposible para Dios".

- **Lucas 2:10.** Los ángeles llenaron el cielo, y un ángel vocero anunció el nacimiento de Jesús a los pastores: "No temáis; porque he aquí os doy nuevas de gran gozo, que será para todo el pueblo".

- **Mateo 1:20; 2:13, 19-20**. Mensajeros angélicos le hablaron a José en sueños y le indicaron que tomara a María como esposa, que llevara a María y al niño Jesús a Egipto por su seguridad antes de que Herodes asesinara a todos los niños, y que los trajera de regreso a Nazaret después de la muerte de Herodes.

- **Mateo 28:1-7**. Un ángel proclamó la resurrección de Jesús: "No está aquí, pues ha resucitado, como dijo. Venid, ved el lugar donde fue puesto el Señor. E id pronto y decid a sus discípulos que ha resucitado de los muertos, y he aquí va delante de vosotros a Galilea; allí le veréis. He aquí, os lo he dicho" (vv. 6-7).

—James W. Goll

Capítulo 20

LOS ÁNGELES NOS FORTALECEN

Por Ron Phillips

HABÍA PASADO TRES días y noches sin dormir tras el nacimiento de nuestra segunda hija. Siendo todavía un estudiante de seminario, servía como pastor a tiempo completo y camino a la iglesia la cabeza me seguía zumbando por falta de sueño. Yo había garabateado un bosquejo y algunas reflexiones en papel, pero me sentía exhausto e inadecuado.

Cuando entré en mi pequeño estudio y cerré la puerta, un sentimiento de absoluta soledad se apoderó de mí. Con un golpe en la puerta, Dave Davidson me trajo una humeante taza de café caliente y una rosquilla dulce grande.

"¿Cómo estás, predicador?", preguntó. Caí en sus brazos agotado. David dijo: "Sé que estás cansado, ¡pero los ángeles de Dios te fortalecerán!"

Exactamente a las 11:20 de esa mañana, cuando me levanté a predicar, una calidez y fuerza fluyeron a través de mi cuerpo y de mi espíritu. ¡Dave tenía mucha razón! Los ángeles vinieron y me fortalecieron.

Los ángeles están aquí para fortalecer a los creyentes que tienen una íntima relación con Jesucristo. Los ángeles no harán por nosotros lo que se nos ha pedido hacer. Ellos pueden, no obstante, fortalecernos para nuestras asignaciones. Como necesitamos la fuerza que nos es dada por los ángeles, eso nos hace afrontar nuestras propias insuficiencias. A menudo nos encontramos cansados y agotados por las luchas diarias de la vida. La fatiga es prima hermana de la depresión. ¡La meta de Satanás es hacernos abandonar! La Palabra de Dios dice que en los últimos días los emisarios de Satanás "a los santos del Altísimo quebrantará[n]" (Daniel 7:25). La vida en su mejor momento puede ser una experiencia agotadora; sin embargo, Dios se encarga de proveernos fuerzas.

ELÍAS FORTALECIDO

El profeta Elías había obtenido una gran victoria sobre las fuerzas de la oscuridad. En el Super Bowl de la guerra espiritual, Elías había pedido que descendiera fuego del cielo y había expuesto a los falsos profetas de Baal. Derrotó a esos profetas e hizo volver al pueblo al único Dios verdadero. Con esa batalla ganada y con el fin de la sequía de tres años y medio, llegó un avivamiento a la tierra. Sin embargo, no había descanso para el profeta.

La reina Jezabel puso a Elías al tope de su lista negra y lo persiguió. Elías huyó hasta que quedó exhausto, y se sentó debajo de un "enebro." Cuando lo dominó la depresión, Elías deseó morir. Las Escrituras registran esta maravillosa historia de ayuda angélica cuando Elías recibió un toque y alimentos de un ángel. De hecho, el ángel cocinó una torta que le proveyó cuarenta días de fuerza. (Vea 1 Reyes 19:6-8.)

DANIEL FORTALECIDO

Una vez más encontramos en las Escrituras la historia del profeta Daniel, quien también recibió fuerza de un ángel. Daniel estaba tan abrumado por todo lo que Dios le había revelado, que casi murió. Pero el ángel vino y lo tocó. Luego le dio una palabra de parte del Señor. Tanto el toque como la palabra le dieron a Daniel fuerzas para su misión. (Vea Daniel 10:17-19.)

EL SEÑOR JESÚS FORTALECIDO

En dos ocasiones encontramos a nuestro Señor recibiendo fuerza de los ángeles. En su tentación en el desierto, Jesús se encontró con una agotadora tentación de Satanás. Recuerde que, como comentamos anteriormente, el objetivo de Satanás es "quebrantar" al creyente. En el desierto, Satanás atacó a Jesús con un triple golpe, poniendo a prueba su determinación. Jesús derrotó a Satanás contestando cada prueba con la Palabra de Dios. Cuando la batalla terminó, vinieron los ángeles. "El diablo entonces le dejó; y he aquí vinieron ángeles y le servían" (Mateo 4:11).

Cuando nuestro Señor enfrentó la terrible copa de nuestros pecados en el huerto de Getsemaní, Él miró esa copa y se encogió horrorizado. Sin embargo, al final, Jesús bebió su terrible poción hasta la última gota. ¿Cómo pudo Jesús enfrentar esa horrible misión? Un ángel vino de la gloria para ayudarlo: "Y se le apareció un ángel del cielo para fortalecerle" (Lucas 22:43). Jesucristo no eludió la copa inevitable sino que fue fortalecido por el ángel para la tarea.

CÓMO LOS CREYENTES SON FORTALECIDOS POR ÁNGELES

Incluso en la época contemporánea, los ángeles de Dios siguen viniendo a fortalecer a los creyentes en tiempos difíciles. Un joven comparte una historia de cuando tuvo problemas para recuperarse de una cirugía y un ángel vino en su ayuda. Él recuerda:

> Tuve que pasar por una cirugía de rodilla hace unos años; Oré mucho antes de la cirugía pidiendo a Dios que guiara las manos de todos en el quirófano y que me sacara a salvo de la anestesia. Aparentemente inhalé demasiado profundamente la anestesia y me fue difícil recobrar la conciencia.
>
> Recuerdo que estaba muy asustado, ya que no quería morir; yo tenía mucho más por lo cual vivir. Inmediatamente, apareció una luz blanca y una voz me animó. Decía: "Respira, respira, tú puedes hacerlo, vas a salir de la anestesia. No luches contra ella".
>
> Sé que fue un ángel de Dios que me habló, así que puedo testificar que los ángeles están presentes todo el tiempo y siempre cuidan de nosotros. Yo lo he experimentado.
>
> ¡Gracias a Dios por sus ángeles![1]

Al observar esta historia y los antecedentes bíblicos presentados en la sección anterior, vemos algunas maneras en que podemos recibir fuerza de los ángeles. Tome nota y recuerde lo siguiente:

- Los ángeles fortalecen a los que están en una importante misión de Dios. Los ángeles no lo fortalecen a uno simplemente porque esté cansado; ellos están disponibles para quienes están en misiones del Reino.

- La presencia de los ángeles libera una medida de fuerza. La palabra *aparecer* significa brindar la asistencia de la presencia de uno. Cuando era niño fui amenazado por un matón cinco años mayor que yo. Un día, el matón me golpeó. Mi madre envió a su hermano menor conmigo para vengar mi golpiza. ¡Mi tío se hizo cargo de ese matón! Aunque yo no di ni un golpe, ¡me sentí fuerte! ¡Yo era fuerte en presencia de mi tío! Cuando él apareció, toda mi debilidad se fue. Del mismo modo, las apariciones angélicas ahuyentan a los demoníacos eliminadores de fuerza.

- Los ángeles tocan y ministran a los creyentes débiles. El roce de las alas de un ángel puede fortalecer al creyente para su viaje.

- Los ángeles hablan la Palabra de Dios, y los creyentes son fortalecidos por la palabra de los ángeles. Por medio de los ángeles Dios nos enviará un mensaje fiel y esperanzador que nos fortalecerá y nos preparará para lo que viene.

- Los ángeles pueden cocinar y alimentar a los creyentes. Con esto, vemos que los ángeles pueden utilizar elementos tangibles para dar fuerza al cuerpo y al alma de un creyente, o muchas veces los ángeles usarán a personas que provean lo necesario para fortalecer al creyente.

- Los ángeles pueden transportar a los creyentes en ocasiones, como vemos al diácono Felipe que fue llevado de Samaria por un ángel (Hechos 8:26-40). Los ángeles pueden llevarnos cuando estamos demasiado cansados en nuestra propia fuerza y pueden levantarnos para evitar que tropecemos con una piedra (Salmo 91).

Para resumir, los ángeles están disponibles para fortalecernos en el camino. Como vemos en Apocalipsis 5:2, que habla de un "ángel fuerte", la palabra *fuerte* se traduce como "fuerza, poder innato". En esencia, los ángeles fuertes están con nosotros para fortalecernos.

Un ángel en el centro comercial

En una ocasión me encontré con un ángel en forma humana. Sucedió al principio de mi matrimonio, poco antes de Navidad. Ese día en particular mi esposo había estado, bueno, desafiante, digámoslo de esa manera. Mi madre estaba de visita, y ella, mi esposo y yo nos fuimos al centro comercial. Estaba absolutamente repleto de compradores de fiestas, y debido a la dificultad con mi esposo, yo estaba a punto de llorar.

Me decía a mí misma: "No puedo llorar. Estoy aquí con mi madre, y no quiero arruinar la Navidad". Pero le digo, era muy difícil.

Mientras estaba en ese centro comercial repleto, con gente rodeándome por todas partes, repentinamente un hombre se paró justo frente a mí. Me miró y dijo: "Las cosas van a mejorar".

Cuando dijo eso, yo ni siquiera pude hablar. Estaba helada.

Aparté la vista para serenarme y volví a mirar, pero él se había ido. Miré por todas partes buscándolo, porque las palabras que dijo eran vitales para mí. Tan solo esas pocas palabras me alentaron y me levantaron y me dieron esperanza para el futuro.

No me di cuenta en ese momento, pero él era un ángel. ¡Recibí la visita de un ángel sin saberlo!

—Por Linda Breitman,
MINISTRO ORDENADO Y CONFERENCISTA

Capítulo 11

LOS ÁNGELES PELEAN POR NOSOTROS

Por Terry Law

ME HE QUEDADO sorprendido por la reciente proliferación en la Iglesia de enseñanzas sobre atacar directamente a los ángeles malignos de Satanás. Parece que la gente ha tomado conciencia de que estamos en guerra. Movimientos y organizaciones están aportando a la Iglesia nuevos conocimientos en esta área.

Muchos de estos hombres y mujeres tienen grandes ministerios e inusuales habilidades de comunicación. También tienen conocimientos válidos de la Biblia y pasión por ganar el mundo para Jesús, lo cual admiro con todo mi corazón.

Sin embargo, creo que un malentendido básico sobre la batalla entre las tropas de Satanás y la Iglesia puede llevar a errores y a un posible extremismo. No podría escribir sobre los ángeles sin hablar de cómo podemos resistir a los ángeles malignos y demonios y cooperar con los ángeles de Dios. Por otra parte, hallo que es necesario escribir sobre cómo no se debe tratar con ellos.

Aunque hay mucho de verdad en lo que dicen los grupos de guerra espiritual, creo que en algunos casos están operando por una errónea interpretación de las Escrituras. La razón por la cual estoy tan seguro de esto es que yo cometí el mismo error en mi primer libro, *The Power of Praise and Worship* (El poder de la alabanza y adoración). Usé las tres escrituras principales que ellos utilizan, y desde entonces he visto que mi interpretación era incorrecta. Esas tres citas son Efesios 6:12, 2 Corintios 10:3-5, y Daniel 10:12. El error es el siguiente: la palabra griega para "fortalezas" en 2 Corintios 10:4 es *ojúroma*. Aparece solamente una vez en el Nuevo Testamento, y yo hice lo que tantos otros han hecho: construí una doctrina importante basada en esa única palabra.

¿Cuántos coros de guerra espiritual se han escrito últimamente sobre derribar fortalezas? ¿Cuántos coros "militantes" han sido escritos y cantados por cristianos que en realidad están perdiendo la verdadera batalla con Satanás en su mente y en su carne? ¿Cuántos están proyectando el pecado de sus propios corazones sobre las fuerzas demoníacas, descargando la ira y el odio, pero sin tratar esas cosas en ellos mismos? ¿Cuántas ciudades pueden decir que tienen tasas de criminalidad más bajas debido a que los principados y potestades fueron "derribados"?

Yo había conectado esos versículos de 2 Corintios 10 con el boceto de Pablo de la jerarquía espiritual de Efesios 6:12 y usé el ejemplo del Antiguo Testamento de Daniel para "probar" que debemos usar nuestras armas contra principados y potestades. En realidad, esos versículos no se conectan de esta manera, aunque la mayoría de los libros que he leído sobre guerra espiritual hacen la misma conexión artificial que yo hice una vez. Los hechos son los siguientes:

1. Las "fortalezas" se explican de forma muy explícita en 2 Corintios 10 como invenciones, altivez (o pensamientos) que se levantan contra el conocimiento de Dios. Pablo escribió que debemos llevar todo pensamiento a la obediencia a Cristo. Algunas traducciones son todavía más claras, y dicen argumentos, teorías, razonamientos, especulaciones, o pretensiones. La mente es el principal campo de batalla entre los cristianos y Satanás.

    Estos versículos de ninguna manera describen una lucha cósmica contra los espíritus territoriales que gobiernan sobre nuestras ciudades. De hecho, *ninguno* de los versículos sobre guerra espiritual del Nuevo Testamento realmente implica que los cristianos arremetan contra los poderes celestiales.

    Por ejemplo, en 2 Timoteo 2:3-4, la guerra en la que Pablo exhorta a Timoteo a ser "un buen soldado" supone los negocios de la vida, no ángeles ni autoridades del mal. En Santiago 4:1-2, Santiago llama "guerras y pleitos" a las pasiones que combaten en sus miembros. La guerra para el cristiano obviamente se refiere a la guerra del espíritu contra la carne, al igual que 1 Pedro 2:11. No tiene nada que ver con la lucha contra ángeles o espíritus malignos.

2. Efesios 6:12, a primera vista, puede parecer que apoya que los cristianos luchen contra los ángeles malignos en posiciones de gobierno. "Porque no tenemos lucha contra sangre y carne, sino contra principados, contra potestades, contra los gobernadores de las tinieblas de este siglo, contra huestes espirituales de maldad en las regiones celestes".

Sin embargo, tomado en el contexto de los versículos 10 a 18, Pablo no escribe sobre derribar de los cielos a los ángeles caídos, sino sobre resistir los ataques del enemigo en la vida cotidiana. Él habla del escudo de la fe, el yelmo de la salvación, la coraza de justicia, el calzado de la paz, la espada del Espíritu, la verdad como una cubierta para los "lomos", el conocimiento de la Palabra y la oración (Efesios 6:13-18).

3. En Daniel 10, un ángel visitó a Daniel en respuesta a su oración y a su ayuno. Además de la respuesta que Daniel buscaba el ángel le dijo que el príncipe de Persia lo había "resistido" hasta que recibió la ayuda del arcángel Miguel (v. 13). Este versículo es el fundamento de la mayor parte de la enseñanza actual sobre "espíritus territoriales" y se usa para explicar Efesios 6:12.

Me gustaría señalar que esta historia de Daniel tuvo lugar bajo el antiguo pacto. Después de que Jesús murió, resucitó y ascendió, no hay ninguna indicación en el Nuevo Testamento de que los espíritus territoriales sean capaces de detener o impedir que nuestras oraciones lleguen a Dios.

Somos hijos de Dios y tenemos acceso inmediato al trono de la gracia en cualquier momento. En Hebreos 10:19 se nos dice que nos acerquemos confiadamente al trono de la gracia por la sangre de Jesús. En Juan 15:7, la Palabra dice: "Si permanecéis en mí, y mis palabras permanecen en vosotros, pedid todo lo que queréis, y os será hecho". Esto no permite, obviamente, oportunidad alguna de intervención satánica. Cuando entendamos nuestra autoridad en el Reino de Dios, no habrá temor de que los espíritus territoriales interfieran con nuestras oraciones.

Permítame aclarar que yo sí creo que hay espíritus territoriales, y los he encontrado en los más de ochenta países en los que he viajado y ministrado.

Parece evidente según la Biblia que los ángeles malignos de Satanás están dispuestos en rangos de diversa autoridad. Sin embargo, creo que a los cristianos no se nos ha dicho que los derribemos. Las únicas fortalezas con las cuales deben lidiar los creyentes están en su propia mente, carne y vida. Los únicos espíritus malignos con los que tenemos que lidiar son los demonios que a veces deben ser expulsados de las personas por medio de la ministración personal.

La genuina guerra espiritual mayormente tiene que ver con la mente y la carne, que, por supuesto, implica las influencias del mundo y el diablo.

La genuina guerra espiritual implica pelear "la buena batalla de la fe" (1 Tim 6:12). Eso significa mantener nuestra mente renovada, nuestra carne bajo control, y rechazar las tentaciones del mundo. Esa es la mayor parte de la lucha que los cristianos están llamados a realizar.

Para usar una frase de Judson Cornwall, es necesario que veamos claramente de quién es en realidad esa guerra.

¿De quién es la guerra después de todo?

Si Jesús derrotó a Satanás, y "despojó a los principados y potestades", entonces ¿por qué los creyentes deberían tener que hacer eso?

> Y despojando a los principados y a las potestades, los exhibió públicamente, triunfando sobre ellos en la cruz.
>
> —Colosenses 2:15

Puesto que estamos sentados con Cristo "en los lugares celestiales" (Efesios 2:6), eso significa que ya estamos posicionados por encima de los principados y potestades. Algunas personas están alquilando aviones para llegar a una gran altura y derribar los "lugares altos". Otros están alquilando los pisos superiores de los edificios altos para este fin.

¿Qué diferencia hace la altitud natural? ¿Habría sido más eficaz si la cruz de Jesús hubiera estado en el Monte Everest en lugar del Monte Calvario?

Parece que si fuera necesario derribar fortalezas sobre las ciudades, las Escrituras darían ejemplos de los apóstoles haciendo eso en lugares tan notorios como Éfeso, Corinto, o Roma. Kenneth Hagin padre escribió en cambio: "Pablo estaba ocupado atrayendo la atención hacia Jesús. Él predicaba la Palabra para que la gente pudiera salir del control de Satanás".[1]

Tradicionalmente la guerra espiritual ha significado sencillamente orar por algo hasta que llegue la respuesta. Incluso en el libro de Daniel, los ángeles de Dios —no Daniel— lucharon contra el espíritu territorial maligno en favor de Daniel. Los autores de *Fundamentos de teología pentecostal* comentaron:

> En ninguna parte se les dice a los cristianos que luchen contra el diablo. Nuestro Señor hizo eso una vez y para siempre en la cruz. Nuestra parte es reclamar, por fe, y estar firmes en su victoria. "Resistan al diablo" —no luchar con él— y él es el que "huirá de vosotros" (Santiago 4:7, NVI). [Primera de] Pedro 5:9, explica cómo se debe hacer eso: "Al cual resistid firmes en la fe". Fe en el registro de la victoria de Cristo sobre el diablo, y fe en las promesas de Dios, es el secreto de la victoria La fe en la Palabra de Dios es el secreto del triunfo diario del creyente.[2]

Así que, ¿qué significa luchar contra las cosas que no son carne ni sangre? El *Diccionario expositivo de palabras del Antiguo y del Nuevo Testamento exhaustivo* de Vine dice que el significado de la palabra griega *pale*, traducida como "lucha", es similar a *pallo*, que significa "mover" o "vibrar".[3] Vine escribió que esto se usa en sentido figurado con respecto al conflicto espiritual. Sin embargo, muchos de los partidarios de la guerra espiritual territorial lo interpretan literalmente y creen que realmente luchamos con espíritus territoriales en los lugares celestiales.

Pablo estaba tratando de presentar con palabras una imagen para los creyentes de que la oposición viene del enemigo, no de otras personas. Toda la cuestión que él presenta en Efesios 6 no concierne a la guerra espiritual en los lugares celestiales, sino a quién es el enemigo. Él estaba tratando de impedir que los cristianos lucharan entre sí o incluso contra los no creyentes sobre cosas que el diablo suscitaba.

¡Qué lucha es dejar los fracasos del pasado! ¡Que lucha es recordar que los comentarios sarcásticos y las observaciones despectivas de amigos o familiares no los hacen ser nuestros enemigos! Nuestro enemigo es aquel que provocó esos pensamientos en sus mentes o aquel que nos recuerda las culpas y los fracasos pasados que han sido colocados bajo la sangre de Jesús.

¡Qué lucha es evitar la autojustificación y creer que las buenas acciones nos ganan un estatus en el cielo y no llevarse parte de la gloria por lo que Dios hace a través de nosotros!

Territorialidad espiritual

No tengo ningún conflicto con los que dicen que hay espíritus territoriales. Mi única diferencia está en si tenemos o no tenemos que derribar enemigos que ya están derrotados.

La situación con los ángeles malignos no es diferente que con Satanás. Pocos creyentes caerían en el error de pensar que tienen que atar y derribar al propio Satanás. Ellos saben que todo lo que tienen que hacer es resistirlo en todas las áreas de sus vidas. Lo mismo puede decirse respecto de sus ángeles. Si Satanás es un enemigo derrotado, entonces también lo son sus ángeles.

Satanás sabe que sus espíritus gobernantes no pueden ser derribados o atados antes de que acabe su "contrato". Recuerde, su contrato no es para el mundo, ni involucra al Reino de Dios. El dominio de Satanás es un contrato por un tiempo sobre los sistemas que rigen todas las áreas de este planeta.

Podemos resistirlo al votar en elecciones políticas como Dios nos testifica por medio del Espíritu Santo. Podemos desarraigar al espíritu dominante de Satanás al quitar de su cargo a esas personas que han estado de acuerdo con sus ideas.

Podemos resistirlo en nuestra cultura comprando videos o yendo a ver películas que reflejan los caminos de Dios, al comprar buenos libros y revistas, y al mirar programas de televisión que promueven los conceptos de Dios.

Podemos resistirlo en la educación al volvernos activos en las juntas escolares locales.

Podemos resistirlo ayunando y orando por cualquiera de estas áreas.

En otras palabras, podemos resistir a Satanás viviendo una vida cristiana bíblica normal (como se enseña en la Palabra).

Lo más importante acerca de ese pasaje de Daniel no es que haya espíritus territoriales. Ni siquiera es que los ángeles buenos luchen con ellos.

Lo más importante es que Dios contesta la oración sincera, sentida, aun cuando esto signifique enviar ángeles para traer la respuesta. Personalmente, me preocupa que el diablo esté disfrutando de toda esta atención que se presta a algo que él sabe que es una pérdida de tiempo y energía de los cristianos. En libros y artículos y en las conferencias de guerra espiritual, se dedica tanto tiempo a enfocarse en el poder y la influencia de Satanás que nuestros ojos no ven lo que Jesús ya ha hecho.

Judson Cornwall dijo que el mayor problema con cierta guerra espiritual es que "el énfasis está en el poder conferido a nosotros mucho más que en el poder en la sangre de Jesucristo. Transita una línea muy fina entre el cristianismo y el humanismo, que enseña la deidad de la humanidad La verdadera guerra espiritual ocurre cuando exaltamos a Cristo en rectitud y fe".[4]

Cornwall concluye:

> Estoy seguro de que lo que está ocurriendo bajo el título de guerra espiritual no es ni espiritual ni guerra. Es actividad carnal, vigorizada por el poder del alma. Es mucho más histeria colectiva que guerra. Eso no logra nada en

los cielos, y a menudo lo que logra en la tierra es divisivo, desconcertante, y destructivo para los participantes.[5]

Un equilibrio espiritual

No debemos dejar de orar por nuestras ciudades, estados y naciones simplemente porque algunos están operando en el error o el extremismo. Debemos orar por nuestros países y por quienes están en posiciones de autoridad (2 Crónicas 7:14; 1 Timoteo 2:2). Debemos orar para que los corazones de las personas se abran al evangelio.

Para vivir vidas victoriosas, no debemos subestimar ni sobrevalorar a nuestro enemigo, Satanás. No podemos entender cómo relacionarnos con los ángeles buenos ni con los malos si no entendemos la autoridad en el ámbito espiritual.

Kenneth Hagin padre, ha descrito la verdadera razón por la que los cristianos no pueden derribar espíritus territoriales sobre las ciudades:

> No tenemos escrituras para quebrar el poder del diablo sobre toda una ciudad de una vez y para siempre, porque una ciudad se compone de personas. Las personas tienen libertad de elección, y pueden elegir a quién servirán —a Satanás o a Dios— y en cada ciudad muchas personas optan por servir a Satanás y rendirse continuamente a él. Pero podemos hacer retroceder la influencia de la oscuridad en oración para que la Palabra tenga una oportunidad de prevalecer en los corazones y la vida de la gente por medio de la predicación del evangelio.[6]

Lo que Hagin dijo es tan importante que le sugiero que vuelva y lo relea. La falta de entendimiento respecto de los niveles de autoridad es la raíz de las trampas en las que algunos caen en el campo de la guerra espiritual. Es por eso que la comprensión de las líneas de autoridad en el ámbito angélico es información relevante para vivir la vida cristiana.

Más con nosotros que contra nosotros

Como Iglesia nuestro trabajo es simplemente creer en Dios. Hemos de orar, adorar a Dios, declarar su Palabra, y desatar un torrente de actividad angélica porque Él está listo en estos últimos días para hacer todo lo que alguna vez hizo a través de la historia. Él está dispuesto a hacerlo en una generación compacta y concentrada. Mucho de lo que Él está dispuesto a hacer lo hará con la participación angélica, con la ayuda de ellos, su apoyo y su actividad.

Estamos en un momento de la historia en que los ángeles están con nosotros. Aun cuando nos sintamos más vulnerables o débiles, Dios va ayudarnos. Él va a ayudarnos a alinearnos con la manera en que las cosas realmente son.

Recuerde cuando el siervo de Elías le dijo: "¿Qué vamos a hacer? El enemigo ha venido por nosotros". Y Elías oró: "Señor, abre sus ojos". Elías le dijo a su siervo: "Hijo, hay más con nosotros que contra nosotros". Entonces el mismo siervo quien momentos antes solo había visto el problema natural, descubrió que sus ojos habían sido abiertos, y vio que una hueste de guerreros angélicos se cernía sobre el ejército sirio. Eso le quitó todo su miedo. (Vea 2 Reyes 6:15-17.)

Lo mismo es cierto para nosotros. A veces nuestro temor se basa en la falta de revelación de cómo son realmente las cosas. Así es como son las cosas realmente: ¡Dios gana!

Dios es grandioso. Él ha lanzado un ejército angélico, y los ángeles superan en número a los demonios. Los ángeles son más fuertes que los demonios. Los ángeles están aquí para ayudarnos. Estamos en el equipo ganador y en el tiempo de ganar.

En estos últimos días, Dios va a traer una intensificación de las actividades angélicas. Ya se están incrementando exponencialmente debido al tiempo de la historia en el cual estamos. Es un tiempo tremendo en que debemos estar realmente conscientes de que hay más con nosotros que contra nosotros.

Cualquiera sea la ciudad donde usted viva, cualquiera la parte del mundo en que viva, hay millares —incontable número— de ángeles allí. Ellos lo están ayudando a usted, y facilitando los propósitos de Dios. Están trayendo a la tierra el Reino de Dios y el cumplimiento de los negocios de Dios.

No tenga miedo. Hay más con nosotros que contra nosotros.

—MICHAEL MAIDEN, AUTOR Y PASTOR DE
LA IGLESIA CHURCH FOR THE NATIONS EN FÉNIX, ARIZONA

LA AUTORIDAD DEL CREYENTE

Usted puede estar preguntándose: "¿Tiene el creyente autoridad sobre los demonios y ángeles caídos?" O: "¿Los demonios y ángeles caídos conservan alguna autoridad sobre las personas?" La respuesta a estas preguntas se halla cuando los creyentes se dan cuenta de la autoridad que les fue delegada a ellos a través de la obra consumada de Cristo. El autor Neil Anderson escribió en su libro *Victory Over the Darkness* (Victoria sobre la oscuridad):

Cuando usted no entiende las verdades doctrinales relacionadas con su posición en Cristo, no tiene base para el éxito en el ámbito práctico. ¿Cómo puede esperar estar firme contra las asechanzas del diablo (Efesios 6:11), si usted no ha internalizado que ya resucitó victoriosamente con Él, y se sentó con Él en los lugares celestiales en Cristo Jesús?[7]

Si estamos sentados con Cristo como dice Efesios 2:6, entonces nuestra posición está muy por encima de todos los principados y potestades de las tinieblas. Kenneth Hagin padre escribió:

"Nuestra posición como Iglesia es una posición de autoridad, honor y triunfo, no de fracaso, depresión y derrota".[8]

La verdad de la autoridad del creyente tiene todo que ver con la autoridad en el mundo angélico. Nuestro conocimiento de la autoridad afecta tanto a los ángeles buenos como a los malos. Ambos responden a la autoridad. Ellos entienden la autoridad, lo que muchos seres humanos no hacen. El mayor problema con la Iglesia es que nunca hemos comprendido plenamente la obra consumada de Cristo y cómo se relaciona directamente con nosotros.

Cuando entendemos que ya tenemos autoridad sobre los principados y potestades, no tratamos de "derribarlos" como si todavía tuviéramos que ganar predominancia. Cuando entendemos que ya tenemos autoridad, no vamos a batallar contra los espíritus territoriales sobre nuestra área. Cuando luchamos para tomar autoridad sobre Satanás, le estamos atribuyendo autoridad que él no tiene.

¿Por qué, entonces, las huestes de las tinieblas gobiernan en tantos países? Ellos gobiernan porque los sistemas de esos países son territorios de Satanás y los creyentes no caminan en suficientemente luz como para transformar esos territorios mediante la Gran Comisión (Marcos 16:15-18).

¿Por qué los poderes de las tinieblas gobiernan en las vidas de tantos creyentes? Gobiernan porque los creyentes no están ejerciendo la autoridad de Jesús, aun si saben que la tienen.

Debemos entender, sin embargo, que nuestra autoridad en Cristo no nos da ninguna autoridad sobre la voluntad de otra persona ni sobre su derecho a elegir. Ni siquiera Jesús ejerce su autoridad para hacer que todos obtengan la salvación.

AUTORIDAD ENTRE ÁNGELES CAÍDOS Y DEMONIOS

¿Qué es la autoridad? ¿Qué significa estar *en posición de autoridad*? Significa gobernar algo, "estar a cargo". Algunas personas confunden *autoridad* y *poder*. La autoridad es el derecho a gobernar; el poder es la fuerza o potencia implicada en la aplicación de la autoridad.

En el ámbito celestial, tanto los ángeles buenos como los malos operan sin excepción según líneas de autoridad. Creo que es muy útil saber qué clase de espíritu territorial está sobre ciertas áreas, porque entonces usted puede encontrar las escrituras adecuadas para predicar u orar en contra de sus sistemas de pensamiento. Donde difiero de las recientes enseñanzas sobre guerra espiritual es en las estrategias que se enseñan y la doctrina que yace detrás de las estrategias.

La "cartografía espiritual" es una enseñanza que sugiere el estudio de la historia y los patrones sociales de las áreas para encontrar qué espíritu maligno está a cargo de sus sistemas espirituales. ¿Por qué algunas áreas son más opresivas, más idólatras, espiritualmente más estériles que otras? George Otis Jr. hace estas buenas preguntas:

> ¿Por qué, por ejemplo, Mesopotamia ha generado una serie tan larga de gobernantes tiránicos?
>
> ¿Por qué la nación de Haití es la principal aberración social y económica en el hemisferio occidental?
>
> ¿Por qué las naciones andinas de Sudamérica [especialmente Colombia] siempre parecen clasificar al tope de las estadísticas de homicidios anuales per cápita del mundo?
>
> ¿Por qué hay tanta actividad demoníaca manifiesta en y alrededor de las montañas del Himalaya?
>
> ¿Por qué Japón sido un hueso tan duro de roer para el evangelio?[9]

La territorialidad espiritual tiene mucho que ver con cómo son las cosas en cualquier parte del mundo. En mis muchos años de ministerio en el mundo soviético, he podido identificar diversos poderes espirituales sobre áreas geográficas.

En 1980 estaba asistiendo a una conferencia de liderazgo carismático cerca de San Luis. Cincuenta o sesenta hombres se habían reunido para hablar sobre lo que Dios estaba haciendo en el mundo. En medio de la conferencia, un líder laico católico romano entró con la noticia de que el papa Juan Pablo había recibido un disparo.

El orador sugirió inmediatamente que nos arrodilláramos y oráramos. Cuando comencé a interceder, una oscuridad espiritual vino sobre mí. Supe que un espíritu territorial estaba detrás del ataque contra la vida del papa, y reconocí a ese espíritu porque ya había lidiado con él en la Unión Soviética. Sospeché que la agencia de inteligencia, la KGB, tenía algo que ver con el ataque. (Yo estaba familiarizado con ellos porque me habían interrogado cinco veces.)

Se lo dije al grupo. Sin embargo, al día siguiente los informes de noticias dijeron que el hombre que disparó contra el papa era un fundamentalista musulmán de extrema derecha de Turquía. Estoy seguro de que parecía que mis conclusiones eran erróneas. Lo dejé así porque no podía probar un reconocimiento subjetivo de un espíritu. Alrededor de un año y medio después, sin embargo, la verdad fue revelada por el Mossad (el servicio de inteligencia de Israel) que el que intentó asesinar al papa en realidad había sido entrenado por la KGB en Bulgaria.

No hay duda en mi mente de que hay espíritus territoriales por cuanto la evidencia de su actividad es tan clara. Sin embargo, uno podría hacer esta pregunta: Si la Iglesia tiene autoridad sobre los poderes malignos, ¿por qué estos siguen operando?

- Satanás y sus ángeles malignos operarán hasta que el contrato de Adán termine.

- El creyente tiene falta de conocimiento (Oseas 4:6).

- El pecado en la vida de alguien abre la puerta a la opresión.

- La falta del "escudo de la fe" permite que lleguen los dardos de fuego (Efesios 6:16).

- Un ángel maligno o demonio embauca a alguien para que lo acepte como un ángel y reciba sus pensamientos y doctrinas. Esto está sucediendo en este momento en los Estados Unidos y otros países por medio de libros, películas y videos sobre "ángeles".

Sin embargo, la conclusión de todas estas preguntas es que Dios tiene el control. Jesús ha delegado todo el poder y la autoridad en el cielo y en la tierra a la Iglesia. Los creyentes tienen autoridad sobre todo poder del enemigo mientras llevan a cabo la comisión de Jesús dada en Marcos 16:15-18 para evangelizar el mundo.

Los ángeles lucharán contra sus enemigos

El autor del Salmo 35 pidió a Dios que lo librase de quienes lo perseguían. Aunque la persecución está garantizada en la vida de un verdadero creyente, Dios no permitirá que los enemigos de la fe se sigan oponiendo al evangelio sin su intervención sobrenatural.

El salmista pidió: "Sean como el tamo delante del viento, y el ángel de Jehová los acose. Sea su camino tenebroso y resbaladizo, y el ángel de Jehová los persiga" (Salmo 35:5-6).

Uno de nuestros amigos personales y misionero del ministerio, Kelvin McDaniel, ha experimentado el cerco protector de Dios de primera mano en numerosas ocasiones. Después de regresar de Indonesia hace varios años, compartió este notable relato de la intervención angélica de Dios en favor de una iglesia situada en medio de la mayor población islámica del mundo. Cito de una carta del misionero McDaniel enviada a mi oficina:

> Después de años de terrorismo contra los cristianos de Indonesia, muchas iglesias de estructura de madera habían sido quemadas en áreas e islas remotas. Durante un viaje misionero a Indonesia, dos queridos creyentes indonesios me pidieron que predicara en una remota iglesia de Java Occidental, que era una de las pocas iglesias de madera que seguían en pie, ya que todas las estructura inflamable (iglesias) en un radio de cien millas habían sido reducidas a cenizas.
>
> Después de llegar un lunes por la noche, el pequeño edificio blanco de madera, que solo

podía albergar a doscientas personas, estaba completamente repleto. Afuera había unos altavoces gigantes colocados para que el mensaje pudiera ser oído en las comunidades musulmanas por una milla en todas direcciones. Después del servicio, donde se ganaron almas para Cristo, nos apiñamos en el vehículo y condujimos de regreso a la ciudad. Aproximadamente a las cinco del martes, después de llegar al aeropuerto, sonó el teléfono celular del traductor, y era una desesperada súplica del pastor de la pequeña iglesia de madera para hablar conmigo a fin de relatarme un acontecimiento asombroso que había ocurrido.

Esa mañana, un camión de plataforma plana lleno de terroristas islámicos llegó a la puerta principal de la iglesia. El pastor y su familia viven al lado, en un apartamento de tres habitaciones. Los hombres comenzaron a arrastrar un tambor de gasolina de cincuenta y cinco galones lleno de combustible, vertiéndolo en las escaleras, y pateando la puerta para derramarlo en el pequeño santuario de la iglesia. El combustible cubrió el suelo, y el olor a gasolina llenó el edificio. La esposa del pastor salió corriendo gritando para que no quemaran el edificio. Les dijo que sus hijos estaban en el apartamento y que esa era la casa de Dios. Luego cayó de rodillas en la mezcla de combustible, barro y césped, rogándoles que no quemaran la casa de Dios.

Los fanáticos comenzaron a gritar que ellos estaban haciendo la obra de Dios al quemar la iglesia engañosa. El líder arrojó el barril ya vacío por las escaleras y dentro del edificio. La esposa del pastor comenzó a suplicar en oración para que la mano del Señor estuviera con ella y la familia y el edificio de la iglesia.

Mientras el camión y los hombres se alejaban para estar fuera de peligro, un hombre solo sacó una caja de fósforos. Cuando intentó encender el fósforo en el costado de la caja, no pasó nada. Hurgó con torpeza en la caja, sacó otro fósforo, solo para tener los mismos resultados. Para entonces cientos de personas se habían reunido para ver el resultado de este asalto a la iglesia cristiana. Después de varios intentos, repentinamente él lanzó un alarido tan terrible que helaba la sangre y empezó a correr con el rostro congelado en una expresión de miedo. Él se agarraba la cabeza y gritaba con un horror tan enardecido que parecía que su mente había colapsado.

Finalmente, alguien lo derribó para evitar que se lastimara a sí mismo y para evaluar su problema. Él comenzó a quitarse de encima la gente que trataba de sujetarlo al suelo, arrastrándose hacia atrás por el piso como un animal azotado. Tenía los ojos desorbitados, y su rostro mostraba puro terror. Los que relataron la historia dijeron que estaba tan asustado como un hombre que es conducido a las llamas.

Finalmente se calmó lo suficiente como para contar con labios temblorosos lo que había ocurrido. Mientras contaba la historia, respirando entrecortadamente, daba vuelta la cabeza y gritaba como si temiera que algo lo atacara por la espalda. Finalmente dijo que cuando trató de encender el último fósforo y falló, un ángel de Dios estaba de pie directamente frente a él y le dijo algo en voz tan alta que él pensó que todo el mundo debía haberlo escuchado. Paralizado momentáneamente por el miedo, miró fijamente a los ojos a este mensajero, que proclamó: "Yo soy un mensajero del Dios Altísimo enviado para advertirte a fin de que adviertas a otros que este es realmente suelo santo de Dios, y morirán si no huyen".

Mientras el pastor me contaba este impactante relato por el teléfono celular, me paré en el aeropuerto. Empecé a llorar, y mientras escuchaba, podía oír al pastor que decía "Hermano, ¿puede oír algo? ¿Oye al hombre gritando detrás de mí ahora mientras hablamos?" Débilmente podía distinguir la voz de alguien gritando a la distancia a través del teléfono, pero no pude entender sus palabras. En el otro extremo de la línea, el pastor sostenía su teléfono celular en el aire para captar la voz del hombre. Él gritaba en su lengua materna, y yo no podía interpretarlo. El pastor me dijo que era el mismo hombre que esa mañana intentó quemar la iglesia. Iba de techo en techo y contaba su historia a gritos a todos, ¡ocasionando gran número de salvaciones en los patios de la aldea y bajo los árboles! Me recordó el versículo de la Biblia: "Y el ángel de Jehová los persiga".

Esta asombrosa historia indica que Dios se preocupa por su pueblo ¡e iniciará un juicio contra quienes dañan a sus seguidores o destruyen su Iglesia!

—Perry Stone, *Ángeles en misión*

Capítulo 12

LOS ÁNGELES EJECUTAN JUICIOS

Por Ron Phillips

L A ACTIVIDAD ANGÉLICA hace erupción en las épocas grandiosas del reino de Dios. Los ángeles cantaban y gritaban mientras Dios creaba la tierra de la nada (Job 38:1-7). Los ángeles transmitieron la gloria de Dios a un Judá apartado en el cautiverio babilónico. Los ángeles cubrieron al antiguo pueblo de Dios durante su cautividad. Los ángeles dieron la bienvenida al Mesías sobre los campos de Belén con un espectáculo de sonido y luces que no se veía desde la creación (Lucas 2:8-20). Tristemente, los mismos ángeles que levantaron el telón de nuestro planeta y custodiaron su destino darán también a conocer los juicios que aun están por venir.

LA IRA DE DIOS COMPLETAMENTE LIBERADA

El último libro de la Biblia registra dos fenómenos que se intensifican al mismo tiempo. La adoración va creciendo en un poderoso clímax que sacude a toda la creación. Por otro lado, las guerras y las catástrofes se intensifican. Dios juzgará cada sistema humano fallido y luego a cada ser humano que esté sin Cristo. La actividad angélica en el juicio a las naciones y en tiempos de guerra es evidente en las Escrituras y en la historia. En 1 Crónicas 21, un ángel extendió su espada contra Jerusalén, y setenta mil hombres murieron por una peste. Los ángeles anunciaron el juicio sobre Sodoma y Gomorra en Génesis 19. En 2 Reyes 19, Ezequías oró y un ángel guerrero mató a ciento ochenta y cinco mil asirios, y así impidió que ocuparan Israel. En Hechos 12 un ángel hirió de muerte al rey Herodes debido a su orgullo. Solo en la próxima vida entenderemos cómo las carreras de tantos dictadores, presidentes, reyes, jeques y primeros ministros se vieron afectadas por ángeles. Además, entonces sabremos cómo muchas batallas fueron ganadas o perdidas por mano de los ángeles aliados. Quizás entonces entendamos la participación angélica que ha influenciado a las naciones.

Todos estos juicios palidecen en comparación con el escenario del Tiempo Final de Apocalipsis. Los ángeles son los ejecutores de la ira de Dios sobre la tierra maldita. Al voltear las páginas de Apocalipsis, vemos una explosión de actividad angélica como no se presenció nunca antes en el planeta tierra. En los primeros tres capítulos, los ángeles son asignados a la Iglesia y se ocupan de comunicar la voluntad de Dios. En Apocalipsis, capítulos 4 y 5, los ángeles unen a toda la creación en el más majestuoso servicio de adoración jamás reunido.

Luego de esa fenomenal adoración, los ángeles comienzan a hacer sonar trompetas para convocar juicios horrorosos sobre el planeta. Al seguir leyendo en Apocalipsis 6, vemos el horror de guerras, hambrunas, plagas y desastres naturales que azotan a un tercio de la población humana de la tierra. Curiosamente, ante la sexta trompeta, los ángeles del juicio atados en el río Éufrates son soltados para matar a la tercera parte de la humanidad antes mencionada. Sí, desde Irak, la antigua Babilonia saldrá un horrible derramamiento de sangre sobre la tierra.

Al seguir volteando las páginas de Apocalipsis vemos que ocurre una intensificación extrema. Los capítulos 15 al 16 de Apocalipsis registran el derramamiento de las siete copas de la ira sobre la tierra. Imágenes como las del río de sangre provocado por la acción de los ángeles resultan aterradoras. Los ángeles derribarán las religiones falsas, y son los ángeles los que juzgan a la gran ramera en Apocalipsis 17:1-2: "Vino entonces uno de los siete ángeles que tenían las siete copas, y habló conmigo diciéndome: Ven acá, y te mostraré la sentencia contra la gran ramera, la que está sentada sobre muchas aguas; con la cual han fornicado los reyes de la tierra, y los moradores de la tierra se han embriagado con el vino de su fornicación'".

Los ángeles anuncian el colapso de Wall Street y de todos los mercados mundiales. El temor que se apoderó de nuestra nación en este tiempo de recesión y depresión no es nada en comparación con ese tiempo final.

> Después de esto vi a otro ángel descender del cielo con gran poder; y la tierra fue alumbrada con su gloria. Y clamó con voz potente, diciendo: Ha caído, ha caído la gran Babilonia, y se ha hecho habitación de demonios y guarida de todo espíritu inmundo, y albergue de toda ave inmunda y aborrecible. Porque todas las naciones han bebido del vino del furor de su fornicación; y los reyes de la tierra han fornicado con ella, y los mercaderes de la tierra se han enriquecido de la potencia de sus deleites. Y oí otra voz del cielo, que decía: Salid de ella, pueblo mío, para que no seáis partícipes de sus pecados, ni recibáis parte de sus plagas
>
> —Apocalipsis 18:1–4

Toda la avaricia, el robo y el lujo serán derribados por los ángeles de Dios.

En las páginas finales de Apocalipsis, los ángeles acompañan a nuestro Señor Jesús en su Segunda Venida. Las poderosas huestes celestiales que son sus guardias de palacio vienen a "limpiar" a los enemigos que aún queden en la tierra. Pablo describe esta escena vívidamente: "Y a vosotros que sois atribulados, daros reposo con nosotros, cuando se manifieste el Señor Jesús desde el cielo con los ángeles de su poder, en llama de fuego, para dar retribución a los que no conocieron a Dios, ni obedecen al evangelio de nuestro Señor Jesucristo" (2 Tesalonicenses 1:7-8). El Señor vendrá con sus poderosos ángeles para acabar con el enemigo. Los ángeles implementarán la muerte de los malvados.

Dios vengará a su pueblo en la revelación de Jesucristo. Nuestro Señor se revelará con sus "poderosos ángeles". La palabra *poderoso* se traduce de *dúnamis*, que significa "poder explosivo". Estos ángeles vendrán en *flóx púr*, o "llamas de fuego", ¡para purificar el universo y castigar a los malvados! Segunda de Tesalonicenses 1:9 dice que su castigo es la "eterna perdición, excluidos de la presencia del Señor y de la gloria de su poder".

Luego Satanás será capturado y apresado por un ángel poderoso.

Vi a un ángel que descendía del cielo, con la llave del abismo, y una gran cadena en la mano. Y prendió al dragón, la serpiente antigua, que es el diablo y Satanás, y lo ató por mil años; y lo arrojó al abismo, y lo encerró, y puso su sello sobre él, para que no engañase más a las naciones, hasta que fuesen cumplidos mil años; y después de esto debe ser desatado por un poco de tiempo.

Y el diablo que los engañaba fue lanzado en el lago de fuego y azufre, donde estaban la bestia y el falso profeta; y serán atormentados día y noche por los siglos de los siglos.

—APOCALIPSIS 20:1–3, 10

¡Todos los no salvos serán arrojados al infierno por los ángeles! Abandone para siempre la idea de que los ángeles son pequeñas criaturas efervescentes que flotan a nuestro alrededor. Los ángeles son guerreros poderosos ¡y en los últimos días ejecutarán la ira de Dios sin misericordia!

Por último, los ángeles anunciarán el rapto de la Iglesia. Nuestro glorioso traslado quitará la restricción final, y Dios desatará el juicio final: "Porque el Señor mismo con voz de mando, con voz de arcángel, y con trompeta de Dios, descenderá del cielo; y los muertos en Cristo resucitarán primero" (1 Tesalonicenses 4:16).

Ejemplos de ángeles enviando juicios

El Nuevo Testamento registra un inusual evento relativo a un ángel que trajo juicio contra un líder nacional. Lucas registra un acontecimiento político donde Herodes se sentó en su trono, y el pueblo gritó que él no era un hombre, sino un Dios (Hechos 12:20-22). El historiador Josefo también escribió sobre este acontecimiento con estas palabras:

En el segundo día de la exhibición se puso una prenda hecha enteramente de plata, y de una contextura verdaderamente maravillosa, y entró en el teatro de mañana, momento en el cual la plata de su vestido, iluminado por el reflejo de los rayos del sol, brillaba de una manera sorprendente, y era tan resplandeciente que esparció horror entre los que lo miraban atentamente; y entonces sus aduladores gritaron que él era un dios el rey no lo rechazó Un fuerte dolor se inició en su vientre, y se hicieron muy violentos.

—Antigüedades de los judíos,
Libro 19, Capítulo 8, Sección 2

Lucas registró que cuando el pueblo glorificó a Herodes como un dios, "un ángel del Señor le hirió, por cuanto no dio la gloria a Dios; y expiró comido de gusanos" (Hechos 12:23). Josefo reportó que los dolores se intensificaron, y en cinco días el rey murió, a los cincuenta y cuatro años de edad. No solemos imaginarnos a los ángeles siendo iniciadores del juicio de Dios, pero en el libro de Apocalipsis, Juan informa que ve ángeles derramando los juicios durante la Gran Tribulación (Apocalipsis 8:2; 15:1). La voluntad de Dios en el cielo se cumple en la tierra y generalmente está ligada a las asignaciones dadas a los ángeles. Aunque los ángeles traen juicio sobre los impíos y los malvados, también traen advertencias sobre los justos.

—PERRY STONE, *ÁNGELES EN MISIÓN*

LOS ÁNGELES CANTAN UNA CANCIÓN SOBRE LOS DESASTRES DEL TIEMPO FINAL

Otra prueba de la actividad angélica durante los últimos días es la historia que cuenta un misionero a China sobre ángeles advirtiendo sobre los desastres del Tiempo Final a los asistentes a la iglesia rural en China durante una reunión de adoración en 1995. El relato es el siguiente:

Toda la provincia de Shandong, en China oriental (población: 57 millones), está en medio de un avivamiento radical. Por temor a los arrestos, los creyentes se encuentran en secreto en iglesias en las casas, generalmente a la luz de las velas. En una reunión en 1995 en Shandong, todos estaban cantando juntos "en el Espíritu" (1 Corintios 14:15), no en su propia lengua, sino "según el Espíritu les daba que hablasen", todos en armonía pero cantando palabras diferentes.

Alguien grabó el audio de la reunión. Más tarde, cuando reprodujeron la cinta, ¡todos se asombraron! Lo que oían no era en absoluto lo que había sucedido, sino el sonido de ángeles cantando en mandarín, una canción que jamás habían oído antes, ¡y con un acompañamiento musical que no había habido allí! Cuando mi amigo oyó por primera vez esa cinta, antes de que nadie le dijera lo que era, exclamó: "¡Esos son ángeles!" De hecho, no había otra explicación. Un cristiano chino, compañero de trabajo, tradujo la cinta. Más abajo están las palabras ¡cantadas por los ángeles! Observe que las palabras expresan ideas con las cuales esos campesinos chinos no estaban familiarizados.

El fin está cerca: Rescaten almas

La hambruna se vuelve más y más crítica. Cada vez hay más terremotos. La situación económica se vuelve cada vez más siniestra. Las personas pelean entre ellas, nación contra nación. Los desastres son cada vez más serios.

Todo el medioambiente se está deteriorando. Los desastres son cada vez más serios. Los corazones de las personas son malvados, y no adoran al Dios verdadero. Los desastres son cada vez más serios.

Las inundaciones y las sequías se vuelven más y más frecuentes. Hay cada vez más homosexualidad y enfermedades incurables. Los desastres son cada vez más serios.

Los climas son cada vez más anormales. La tierra está más y más inquieta. Los cielos se han quebrado. La atmósfera está distorsionada. Los desastres son cada vez más serios.

Coro

El fin está cerca. La revelación del amor se ha manifestado. Levántense, levántense, rescaten almas. El fin está cerca. Levántense, levántense, rescaten almas.[1]

LA IRA DE DIOS SOBRE SATANÁS
DESATADA EN LA CRUZ

Aunque he mostrado a través de las Escrituras y de acontecimientos de la vida real que las guerras y las catástrofes van en aumento hacia el final de los tiempos, permítame aclarar que todos los espíritus demoníacos ya están derrotados. En la cruz y en la tumba vacía, Cristo ganó una victoria transdimensional, cósmica, sobre las fuerzas de las tinieblas. La Biblia afirma esta verdad. En la ascensión de Jesús, Él declaró tener plena autoridad sobre el cielo y la tierra: "Y Jesús se acercó y les habló diciendo: Toda potestad me es dada en el cielo y en la tierra'" (Mateo 28:18).

En un cósmico despliegue de poder, Jesús despojó a las fuerzas de las tinieblas de sus derechos y autoridad: " anulando el acta de los decretos que había contra nosotros, que nos era contraria, quitándola de en medio y clavándola en la cruz, y despojando a los principados y a las potestades, los exhibió públicamente, triunfando sobre ellos en la cruz" (Colosenses 2:14-15).

Él destruyó la amenaza de muerte del diablo y su derecho a mantener cautivos a los que vienen a Cristo: "Así que, por cuanto los hijos participaron de carne y sangre, él también participó de lo mismo, para destruir por medio de la muerte al que tenía el imperio de la muerte, esto es, al diablo, y librar a todos los que por el temor de la muerte estaban durante toda la vida sujetos a servidumbre" (Hebreos 2:14-15).

Todas las fuerzas de las tinieblas están sujetas a Jesús. Como hemos visto, Jesús las derrotó a todas en los reinos eternos; estamos aquí para hacer cumplir la victoria ya ganada. " quien habiendo subido al cielo está a la diestra de Dios; y a él están sujetos ángeles, autoridades y potestades" (1 Pedro 3:22).

El enemigo está sujeto a Jesús pero no a los que no son seguidores de Cristo.

Aunque la guerra está ganada, debemos hacer cumplir la victoria de Cristo. Una de las razones por las que el enemigo está aquí es para entrenar a los seguidores para el mundo futuro. Más significativamente, el enemigo está aquí para que usted lo derrote y demuestre la sabiduría de Dios al salvarlo.

La historia tiene un ejemplo que podría ayudarlo a entender este concepto. La guerra de 1812 había terminado, y ya se habían alcanzado acuerdos de paz cuando se produjo la batalla de Nueva Orleans. Andrew Jackson condujo al ejército a una gran victoria en Nueva Orleans; sin embargo, una de las batallas más grandes de ese siglo no sirvió para otro propósito más que para convertir en presidente a Andrew Jackson.

De la misma manera, nuestra victoria fue ganada por Jesucristo en la cruz y en la tumba vacía. Pero, como en la guerra de 1812 y la batalla de Nueva Orleans, nosotros seguimos estando en una batalla, aunque la guerra ya ha sido ganada. De todas formas, en esta batalla, ¡tenemos el privilegio de pelear junto con nuestros ángeles aliados que hacen cumplir la victoria que ya fue ganada!

La guerra está ganada, pero estamos en la cuenta regresiva para su conclusión. Las Escrituras son muy claras sobre las acciones angélicas al fin de los tiempos, especialmente en el libro de Apocalipsis donde la actividad de los ángeles se registra prácticamente en cada página. Podemos estar confiados en que nuestro Dios ya ha anunciado la victoria y ha establecido por escrito su plan de guerra en las Escrituras.

Parte IV

Cómo se movilizan los ángeles

Capítulo 13

MEDIANTE ÓRDENES DE DIOS

Por Ron Phillips

LOS ÁNGELES TIENEN asignada la responsabilidad de servir a los creyentes. Cuando un creyente opera como heredero del reino de Dios, los ángeles son enviados a servirlo. Nuestra incapacidad para poner en marcha la ayuda de los ángeles ha limitado nuestro crecimiento y el éxito de nuestra empresa misionera. Hay una excelente palabra sobre los ángeles que se encuentra en Hebreos 1:14. Dice: "¿No son todos espíritus ministradores, enviados para servicio a favor de los que serán herederos de la salvación?" El término "enviados" es la palabra griega *apostélo*, que es la misma que se traduce como "apóstol". Los ángeles son enviados a los que están dispuestos a "ir". La palabra "enviado" significa que se le encarga una misión. Los ángeles protegen y respaldan el mensaje que Dios está dando hoy usando su autoridad. La frase también habla de la obra apostólica, profética y evangelística que se hace mientras ellos ayudan a anunciar las buenas nuevas.

LOS ÁNGELES DAN INSTRUCCIONES

Acababa de cumplir los veintiún años y estaba experimentando una de las épocas más emocionantes de mi joven vida. Estaba recién casado, era estudiante de la Universidad de Stanford, y acababa de iniciar un nuevo ministerio en una iglesia de Wilsonville, Alabama. Mientras conducía hacia Birmingham para un largo día de clases, vi a un joven que estaba pidiendo un aventón. Normalmente, nunca paro para eso; pero ese día me detuve por ese joven.

Mientras lo observaba subir al auto, él dijo: "Ahora adora a Jesucristo".

Luego dijo: "Debo decirte algo. Tendrás un avivamiento, y

bautizarás a docenas de personas. No te aflijas si la antigua iglesia no recibe todo lo que Dios envíe. Tú fuiste designado aquí con el propósito de tocar a las personas que nadie quiere".

Luego me pidió que lo dejara bajar del auto. Mientras él se bajaba, le dije: "Dios te bendiga".

Me miró, sonrió, y respondió: "Ya lo ha hecho, ¡y te ha bendecido a ti!"

Dos semanas después bautizamos a treinta y seis nuevos convertidos; la mayoría de ellos vivían en una comunidad de pequeñas casas angostas. La iglesia no los recibía, pero Dios puso amor en mi corazón, desde ese momento hasta ahora, por los necesitados y los marginados. Creo que tuve un encuentro con un ángel.

Los ángeles van delante de nosotros en el camino hacia nuestro destino prometido. En Éxodo 33:2, Dios dijo: "Y yo enviaré delante de ti el ángel, y echaré fuera al cananeo y al amorreo, al heteo, al ferezeo, al heveo y al jebuseo". Es reconfortante saber que el Señor está dirigiendo nuestro camino y que sus ángeles dan cada paso delante de nosotros. Hay exploradores angélicos que examinan y preparan el camino que tenemos por delante.

Los ángeles espían

Soy un verdadero buscador de respuestas de parte de Dios. Mi actitud siempre es: "Dios, dime lo que tengo que hacer, ¡y lo haré!" Así que cuando tengo un problema o cuando estoy en una situación difícil, simplemente le digo: "Dame el camino, la estrategia; dime cómo hacerlo paso a paso, y yo me encargaré de hacerlo".

Ese ha sido mi continuo clamor durante años, y Dios siempre me responde. A medida que me fui metiendo en situaciones más complicadas, necesité respuestas más complicadas.

Recuerdo una noche cuando Dios me estuvo hablando. Me dijo: "Quiero que convoques a "los espías". No entendí nada de eso. ¿Espías? ¿Qué es eso? Así que le pedí que me explicara lo que significaba.

Entré en un programa de estudio bíblico en línea y escribí: "espías". Me llevó a Números 21, el relato en que los israelitas como nación entraron en la Tierra Prometida para ocuparla. Lo hicieron por el camino de Atarim (v. 1). Esta es la ruta que los doce espías de Israel habían tomado previamente cuando entraron a la tierra para espiarla y vieron que era buena.

Años después, cuando Israel por fin entró a la Tierra Prometida, ellos encontraron ese mismo camino que los espías habían tomado. Era la ruta que los conducía a poseer la tierra. Los israelitas supieron cómo volver a la Tierra Prometida porque los espías ya habían estado allí.

Mientras leía esa escritura, el Señor me dijo que "los espías" que me ordenó que convocara son una verdadera fuerza angélica. Cuando usted los llama, los libera para que vayan delante de usted, encuentren el camino, que es la ruta específica por la que usted debe ir para llegar a su tierra prometida. Ellos van delante de usted y lo guían. Quizás le digan: "Ve por la derecha aquí", "Toma la izquierda acá", "Sube por allí" o "Baja por allá". Esa es su tarea. Son espías que le dan indicaciones, el camino para entrar a su tierra prometida.

En diferentes ocasiones desde este descubrimiento y comprensión, el Señor me ha dicho: "¡Llama a los espías!" Los convoco y suelto a estos espías angélicos. En cuestión de semanas comienzo a obtener revelación y respuestas a un problema. Entonces soy capaz de aferrarme a la respuesta, que me conduce hacia la entrada de una nueva área de mi tierra prometida.

Un ejemplo específico de esto fue una vez en que necesité un milagro realmente grande, un gran avance. Necesitaba instrucciones específicas sobre cómo llegar a cierta área de mi tierra prometida. Así que oré, y liberé a los espías.

Luego, una noche estaba en la cocina de mi casa, sin hacer nada espiritual, le advierto; solo estaba preparando un sándwich de manteca de maní y banana. Ni siquiera estaba orando ni pensando en mi situación y ni siquiera en Dios. Pero de repente los espías aparecieron en mi cocina. Realmente pude verlos.

Estos ángeles espías estaban justamente ahí, adelante de mí. Todos vestían ropa de safari, como si hubieran estado en un safari. Tenían sombreros sobre sus cabezas y llevaban armas, binoculares, mapas y todo lo que usted necesitaría si emprendiera un viaje para trazar un camino. Hablaban entre ellos mientras yo solo estaba sentada allí y los observaba, totalmente asombrada. Podía verlos con mis ojos bien abiertos, y aunque eran muy obvios y fáciles de ver, eran transparentes, no sólidos. Podía verlos a ellos y ver a través de ellos al mismo tiempo. Se quedaron allí de pie por un momento, hablando y haciendo cosas entre ellos, y luego, como si nada, desaparecieron.

Al día siguiente empecé a tener una mayor revelación para un enorme avance que había estado esperando durante mucho tiempo. De hecho, desde aquel momento en mi cocina, he visto infinidad de milagros que sucedieron por medio de las estrategias que se soltaron cuando aparecieron los ángeles espías.

—Katie Souza, autora, conferencista y
fundadora de Expected End Ministries

Los ángeles advierten a los creyentes

Recuerde, el ángel advirtió a José sobre las malvadas intenciones de Herodes: "Después que partieron ellos, he aquí un ángel del Señor apareció en sueños a José y dijo: Levántate y toma al niño y a su madre, y huye a Egipto, y permanece allá hasta que yo te diga; porque acontecerá que Herodes buscará al niño para matarlo" (Mateo 2:13). A través de la historia, los ángeles agitan banderas rojas frente a los creyentes, y podemos contar con la misma intervención protectora en nuestras vidas hoy en día.

Bart iba camino a Branson, Misuri, para la convención anual de motos Yamaha cuando tuvo un increíble encuentro que nunca olvidará. Viajaba en su motocicleta detrás de un camión con acoplado, a setenta y cinco millas por hora cuando escuchó dentro de él una voz clara que decía: "Cámbiate al carril de la izquierda".

Apenas completó el cambio de carril, del acoplado del camión que iba adelante de él se soltó el neumático trasero y se esparcieron enormes trozos de goma en el carril derecho, donde él acababa de estar unos momentos antes. Bart cree honestamente que si no hubiera sido advertido por aquella intervención divina que le dijo que cambiara de carril, hoy no estaría vivo. Probablemente habría chocado contra la parte trasera del camión o habría volado con la motocicleta después de golpear contra los trozos esparcidos del neumático.

Bart está seguro de que ese día oyó que su ángel le dijo, claro como una campana, que cambiara de carril porque había peligro más adelante.[1]

LOS ÁNGELES ESTÁN VIGILANDO

Cuando atamos al enemigo y soltamos a nuestros aliados, los ángeles hacen el trabajo por nosotros. Muchas veces la Iglesia, colectivamente y como individuos, no asume su posición en Cristo. Como resultado, no logramos atraer a las legiones de ángeles que están listas para ayudarnos. Mateo 16:19 lo explica así: "Y a ti te daré las llaves del reino de los cielos; y todo lo que atares en la tierra será atado en los cielos; y todo lo que desatares en la tierra será desatado en los cielos". Cuando los creyentes operan, deben entender que la asistencia de los ángeles es clave para el poder del Reino en la tierra. Estos maravillosos seres son los agentes de Dios que abren puertas y atan las maldiciones.

Las poderosas huestes del cielo son llamadas vigilantes en las Escrituras. Estoy convencido de que los ángeles pueden poner de manifiesto crisis y necesidades internacionales. Como vigilantes, ¡ellos están velando por todos los creyentes! Los ángeles son los exploradores de Dios que hacen el reconocimiento de la tierra. En Zacarías capítulo 1 encontramos ángeles que van de un lado a otro, o para ponerlo en un lenguaje más contemporáneo, dan vueltas por toda la tierra custodiando a la creación. Esa noche dieron un buen reporte: "Hemos recorrido la tierra, y he aquí toda la tierra está reposada y quieta" (Zacarías 1:11).

El profeta Daniel también llama vigilantes a los ángeles. Ellos vigilan la creación. Por encima de la tierra hay satélites hechos por el hombre que graban las actividades globales; de una manera más amplia, los ángeles también nos vigilan. "Vi en las visiones de mi cabeza mientras estaba en mi cama, que he aquí un vigilante y santo descendía del cielo" (Daniel 4:13).

Recientemente estaba conversando con mi suegra, una cristiana fiel que acaba de enviudar, sobre vivir sola. Ella ha elegido quedarse en su enorme casa donde ella y mi suegro, Billy, vivieron durante tanto tiempo. Rápidamente me dijo que no tenía miedo. Con una tímida sonrisa, me contó: "Sé que los ángeles me están cuidando".

Cuando Billy estaba en sus últimos momentos, allí en su casa rodeado por toda la familia, abrió sus ojos azules y miró hacia el cielo mientras la gloria llenaba la habitación. Billy cerró entonces los ojos y se fue al cielo. Aunque no fuera visible, un ángel había venido a transportarlo a su hogar de gloria, y creo firmemente que hay ángeles que se han quedado con mi suegra, Polly, desde entonces.

Los ángeles siempre están vigilando, cuidando la tierra. Ellos reportan todo lo que observan. Si estamos en el canal correcto, nosotros también podemos tener sabiduría sobre lo que Dios está haciendo en la tierra.

Capítulo 14

MEDIANTE LAS ESCRITURAS

Por Ron Phillips

Durante más de treinta años he servido como pastor de Abba's House. Durante ese tiempo he preparado y dado más de cinco mil mensajes, que totalizan más de sesenta y cinco mil páginas redactadas. He escrito más de quince libros y enseñado diariamente por radio durante más de diez de esos años, lo que equivale a más de tres mil mensajes. Durante todo ese tiempo, puedo decir honestamente que la mayoría de las personas que oyeron esos mensajes escriturales no respondieron. Sin embargo, es alentador saber que ni un solo ángel desobedeció la Palabra de Dios que salió de mi boca.

Los ángeles se ponen en acción por la Palabra de Dios y se mueven de acuerdo con ella. No lo hacen como nosotros, los seres humanos, que respondemos a las órdenes de Dios de mala gana o dependiendo de cómo nos sintamos respecto de lo que Él esté pidiendo. Cuando Dios habla, ellos actúan. Los ángeles reverencian la Palabra de Dios, la respetan y responden a ella. Tienen un interés especial en presentar, proteger, proclamar y hacer cumplir la Palabra de Dios. Los ángeles no violan la Palabra escrita de Dios; están comprometidos con sus mandatos. En la mayoría de los casos en que ocurre una participación angélica, es porque se está entregando un mensaje del cielo. Los ángeles saben que los mensajes que ellos entregan cambian el destino de las naciones y tienen una importancia de vida o muerte.

LOS ÁNGELES Y EL ORIGEN DE LAS ESCRITURAS

La Escritura habla de su origen celestial. Son los escritos de hombres inspirados por Dios que dan testimonio de sus poderosas obras: "Toda la Escritura es inspirada por Dios, y útil para enseñar, para redargüir, para corregir, para instruir en justicia" (2 Timoteo 3:16).

En este versículo, Pablo declara que los escritos de la Biblia están inspirados por Dios. El Espíritu Santo supervisó activamente la redacción de la Escritura. Simón Pedro afirmó que las Escrituras vinieron de Dios para la humanidad: "Tenemos también la palabra profética más segura, a la cual hacéis bien en estar atentos como a una antorcha que alumbra en lugar oscuro, hasta que el día esclarezca y el lucero de la mañana salga en vuestros corazones; entendiendo primero esto, que ninguna profecía de la Escritura es de interpretación privada, porque nunca la profecía fue traída por voluntad humana, sino que los santos hombres de Dios hablaron siendo inspirados por el Espíritu Santo"(2 Pedro 1:19-21).

Más allá de la conexión entre Dios y el hombre, encontramos aliados en la formación de la Escritura: los santos ángeles. Los ángeles estuvieron profundamente involucrados en la entrega de la Palabra. Cuando Moisés subió al Monte Sinaí, fue recibido por una innumerable compañía de ángeles que participaron en la revelación de la Ley: "Dijo: Jehová vino de Sinaí, y de Seir les esclareció; resplandeció desde el monte de Parán, y vino de entre diez millares de santos, con la ley de fuego a su mano derecha" (Deuteronomio 33:2). Los estudiosos concuerdan en que la palabra santos hace referencia a los ángeles.[1]

El Salmo 68:17 confirma la cobertura angélica sobre el monte Sinaí cuando Moisés consultó a Dios sobre la Ley que se convertiría en el cimiento de la civilización humana: "Los carros de Dios se cuentan por veintenas de millares de millares; el Señor viene del Sinaí a su santuario".

Cuando usted voltea las páginas del Nuevo Testamento, encuentra una clara confirmación de la asistencia angélica para las Escrituras, especialmente la Ley. El diácono Esteban, en el sermón que dio lugar a su martirio, declaró la misma verdad: "…vosotros que recibisteis la ley por disposición de ángeles, y no la guardasteis" (Hechos 7:53).

La Ley vino "por disposición de ángeles". El apóstol Pablo, al escribir a la iglesia de los Gálatas, dijo que la Ley fue "ordenada" por medio de ángeles: "Entonces, ¿para qué sirve la ley? Fue añadida a causa de las transgresiones, hasta que viniese la simiente a quien fue hecha la promesa; y fue ordenada por medio de ángeles en mano de un mediador" (Gálatas 3:19).

Más aún, el escritor de Hebreos declara la absoluta integridad de la "palabra dicha por medio de ángeles": "Porque si la palabra dicha por medio de los ángeles fue firme, y toda trasgresión y desobediencia recibió justa retribución" (Hebreos 2:2).

Los ángeles participaron en la entrega de la Ley, y también ejecutan sus sentencias.

LOS ÁNGELES HACEN CUMPLIR LA PALABRA

Vuelva a mirar Hebreos 2:2: "Porque si la palabra dicha por medio de los ángeles fue firme, y toda trasgresión y desobediencia recibió justa retribución" La palabra *transgresión* significa infringir, ir más allá de los límites; mejor dicho: "quebrantar las reglas". *Desobediencia* significa sencillamente actuar en contra de lo que ha sido ordenado. ¡Los ángeles castigan a quienes rompen las reglas! Es por esto que usted nunca debe encargar protección angélica para su vida si está violando la ley y desobedeciendo a la autoridad. Está perfectamente claro que los ángeles respetan, responden y desatan la Palabra de Dios.

Como hemos observado, los ángeles estaban presentes cuando se entregó la Ley (Salmo 68:17), la Ley se recibió por disposición de ángeles (Hechos 7:53), la Ley fue "ordenada por medio de ángeles" (Gálatas 3:19) y la Palabra fue "dicha" en algunos casos por ángeles (Hebreos 2:2). De estas escrituras concluimos que la obediencia a la Palabra de Dios es vital para que se ponga en marcha la actividad angélica. Además, ¿será posible que los ángeles se entristezcan por los humanos que infringen las leyes de Dios? Tanto ángeles como demonios están ordenados en jerarquía militar; por consiguiente, la rebelión sería considerara gravosa. ¿Podrá ser que la ayuda angélica se reprima debido a la actividad rebelde?

Los ángeles hacen caso a la Palabra de Dios

El salmista escribió: "Bendecid a Jehová, vosotros sus ángeles, poderosos en fortaleza, que ejecutáis su palabra, obedeciendo a la voz de su precepto" (Salmo 103:20). Los ángeles son designados para llevar a cabo la palabra o las instrucciones que Dios les da.

> Ellos también están interesados en oír la Palabra de Dios predicada por hombres mortales. Pedro escribió: "A éstos se les reveló que no para sí mismos, sino para nosotros, administraban las cosas que ahora os son anunciadas por los que os han predicado el evangelio por el Espíritu Santo enviado del cielo; cosas en las cuales anhelan mirar los ángeles" (1 Pedro 1:12).
>
> —PERRY STONE, *ÁNGELES EN MISIÓN*

LOS ÁNGELES Y LA PALABRA CONFESADA

Pasando de lo negativo a lo positivo, vemos que los ángeles se ponen en marcha y son liberados cuando confesamos, por fe, la Palabra de Dios: "Bendecid a Jehová, vosotros sus ángeles, poderosos en fortaleza, que ejecutáis su palabra, obedeciendo a la voz de su precepto. Bendecid a Jehová, vosotros todos sus ejércitos, ministros suyos, que hacéis su voluntad" (Salmo 103:20-21). Aquí esta escritura nos da una instrucción clara de cómo los ángeles son movidos por la Palabra de Dios. Fíjese que la Palabra es poderosamente aceptada por las huestes celestiales en una atmósfera de adoración. Cuando un creyente adora, se reúnen ángeles.

En segundo lugar, los ángeles "ejecutan su palabra". Esta es su vocación y su propósito. Los ángeles hacen que la Palabra de Dios se haga realidad en las vidas de los creyentes.

En tercer lugar, note que cuando la Palabra es pronunciada, los ángeles se movilizan. Cuando un cristiano fiel dice en voz alta la Palabra que Dios ha soltado para él, esa Palabra es transportada sobre alas de ángeles para ser respondida. ¡Los ángeles ejecutan la Palabra de Dios y responden a la Palabra pronunciada en voz alta! Los ángeles no pueden leer su mente. Cuando usted confiesa la Palabra de Dios por fe con su boca, los ángeles se mueven instantáneamente. ¡Se gozan al llevar a cabo con rapidez su confesión! Al obedecer, prestar atención y confesar la Palabra de Dios, hacemos que nuestros aliados angélicos colaboren plenamente con nosotros. Ellos harán que suceda lo que Dios ha prometido.

En una reunión de personal de nuestra iglesia hace algunos años, hubo un reporte de una necesidad financiera. Oré y despaché una cosecha de ángeles para que fueran a obtener lo que la Palabra de Dios nos había prometido. Antes de que terminara la reunión, un empresario local trajo un cheque de cinco dígitos que satisfacía la necesidad. Los ángeles de Dios se movieron cuando aceptamos la promesa de la Palabra de Dios y la declaramos.

Los ángeles entregan partes del cuerpo nuevas

En cierta oportunidad en un servicio vi por primera vez a un ángel con mis ojos físicos. Al principio pensé que estaba viendo una nube, como una nube de gloria. Me froté los ojos, tratando de entender lo que estaba sucediendo. Pensé: "¿Qué es eso? ¿Estaré teniendo una visión rara o será mi imaginación?" No lograba darme cuenta.

Estos ángeles estaban pasando por encima de la congregación, encima de la gente en la iglesia, y yo los estaba viendo, pero ellos parecían raros. Y al decir "raro" en realidad me quedo corto, pero es la única manera en que puedo describirlos. Estos ángeles no tenían alas; tenían un muñón. Se estaban deslizando, como si volaran sobre la congregación, y cada uno de ellos tenía una joroba en su espalda. No lo podía entender; no podía comprender qué era esa joroba. Era como si estuviera viendo ángeles deformes, pero nunca había oído de eso.

Entonces, de repente, dije: "En el nombre de Jesús, alguien aquí necesita un corazón. En el nombre de Jesús, envío palabra de sanidad. Envío un nuevo corazón en el nombre de Jesús". E instantáneamente vi a este ángel volviéndose hacia atrás, hacia su joroba, y en ese momento la persona por la que yo estaba orando se movió súbitamente como si hubiera sido golpeada por algo. En ese instante él recibió un corazón completamente nuevo.

Las jorobas de las espaldas de los ángeles eran como mochilas. ¡Habías partes del cuerpo allí! Dios me mostró que Él tenía partes del cuerpo para las personas que estaban en la reunión. "Esto es maravilloso", pensé.

Así que lo haciendo, y continué orando. Vi a un hombre y dije: "Pulmones nuevos", y el ángel buscó detrás de él ¡y el hombre recibió pulmones nuevos! ¡Todos lo vimos reaccionar como si lo hubieran golpeado! Respiró bien profundo —*aaah*— y dijo: "¡Puedo respirar!".

Así fue esa noche. ¡Fue maravilloso!

Las personas que han tenido experiencias yendo al cielo a veces informan que hay almacenes llenos de partes del cuerpo. Mi postura es que ¡yo no quiero cualquier parte dejada en un depósito celestial! Así como para quienquiera que asista a mi reunión, quiero que obtengan su parte del cuerpo nueva; eso es seguro. Y Dios sencillamente lo hace.

Él ha dado rodillas, codos, pulmones, hombros, corazones, próstatas, intestinos, e incluso una espalda. Una persona recibió una parte de su colon que le habían removido. Es simplemente impresionante.

No sé cómo lo hace Dios. Solo sé que lo hace.

Esa primera vez que vi a los ángeles deslizándose sobre la congregación, buscando en las jorobas de sus espaldas y entregando partes nuevas del cuerpo, también fue mi primera experiencia personal ministrando con ángeles y viéndolos. Pero ahora ellos van conmigo a donde yo vaya; y cuando estoy orando, ungiendo o ministrando, hay una infusión de la unción del poder de sanidad, y Dios envía ángeles sanadores.

—JOAN HUNTER, AUTORA Y EVANGELISTA DE SANIDAD DE
|JOAN HUNTER MINISTRIES

Capítulo 15

MEDIANTE LA ORACIÓN

Por Ron Phillips

LA ACTIVIDAD ANGÉLICA gira alrededor de las cosas del Espíritu y se mezcla con ellas. Ya hemos observado cómo los ángeles están conectados con la gloria de la adoración y con las necesidades de los creyentes. Los ángeles están especialmente en sintonía con la disciplina espiritual de la oración; son puestos en acción por un corazón sincero que busca a Dios en oración. En las Escrituras se dice que la adoración angélica incluye velar sobre las plegarias de los creyentes. En dos ocasiones se ven ángeles atendiendo las oraciones de los creyentes.

Primero, en la impresionante escena de adoración que encontramos en Apocalipsis 5, el Cordero toma el rollo del ángel fuerte. Este rollo relata todos los juicios de la humanidad a través de las edades. Solo nuestro Señor Jesús, por su sacrificio, puede restaurar lo que se ha perdido. En esta formidable visión, el Cordero carga con las señales visibles de haber sido inmolado (Vea Apocalipsis 5:6-7).

Cuando el León/Cordero toma el rollo, se desata una adoración triunfante entre los redimidos y las huestes celestiales. Cuando comienza la alabanza, hay una misteriosa mención a los ángeles y a nuestras oraciones: "Y cuando hubo tomado el libro, los cuatro seres vivientes y los veinticuatro ancianos se postraron delante del Cordero; todos tenían arpas, y copas de oro llenas de incienso, que son las oraciones de los santos" (Apocalipsis 5:8).

Parecería que las oraciones de todos los santos en todos los tiempos están siendo observadas por los ángeles. Las oraciones son vistas como "copas de oro" e "incienso". Esta imagen nos retrotrae a la adoración en el templo donde el incienso se quemaba ante la nube de gloria, la presencia de Dios. Los ángeles toman nuestras oraciones como una dulce fragancia ante el trono de Dios.

Las oraciones son valoradas en el cielo y están al cuidado de las huestes adoradoras. En la escritura que se menciona más arriba, las huestes de ángeles tocan sus arpas (*kidsára* en griego, de la cual obtenemos la palabra castellana *guitarra*). Mientras ellos tocan y dirigen la adoración, las oraciones ascienden como incienso ante el trono de Dios: "Y de la mano del ángel subió a la presencia de Dios el humo del incienso con las oraciones de los santos. Y el ángel tomó el incensario, y lo llenó del fuego del altar, y lo arrojó a la tierra; y hubo truenos, y voces, y relámpagos, y un terremoto" (Apocalipsis 8:4-5).

Mientras esta escena se desarrolla, las oraciones de los creyentes desatan las siete trompetas de juicio sobre la tierra. Fíjese que: "De la mano del ángel subió a la presencia de Dios el humo del incienso con las oraciones de los santos". ¡Luego nuestras oraciones son lanzadas de vuelta a la tierra como fuego! Esta potente imagen de la oración es confirmada en el Salmo 141:1-2: "Jehová, a ti he clamado; apresúrate a mí; escucha mi voz cuando te invocare. Suba mi oración delante de ti como el incienso, el don de mis manos como la ofrenda de la tarde". Fíjese en esta imagen del incienso y la oración. Los ángeles de adoración se ocupan del sincero clamor del pueblo de Dios.

Los ángeles son movilizados por nuestras oraciones

Las Escrituras registran un asombroso episodio en la vida del profeta hebreo Daniel: "Entonces me dijo: Daniel, no temas; porque desde el primer día que dispusiste tu corazón a entender y a humillarte en la presencia de tu Dios, fueron oídas tus palabras; y a causa de tus palabras yo he venido. Mas el príncipe del reino de Persia se me opuso durante veintiún días; pero he aquí Miguel, uno de los principales príncipes, vino para ayudarme, y quedé allí con los reyes de Persia" (Daniel 10:12-13).

Daniel había sido forzado a dejar su tierra natal de Israel para servir al rey de Babilonia durante los setenta años de cautiverio al rey Nabucodonosor y los otros reyes del imperio babilónico. Bajo la vigilancia de Daniel, varios sueños y visiones proféticas fueron revelados tanto al rey como a Daniel. En una ocasión, Daniel no pudo comprender una visión profética extraña e inquietante. Ello dio lugar a un largo ayuno de veintiún días y a un tiempo de oración para suplicar a Dios que diera un claro entendimiento de lo desconocido.

Durante tres semanas completas, Daniel ayunó y oró y fue incapaz de quebrantar los cielos, que eran como de bronce. Él ignoraba que dos oponentes angélicos estaban envueltos en un conflicto cósmico en la atmósfera celeste justo sobre la metrópolis de Babilonia. Finalmente, el mensajero de Dios (muchos creen que fue Gabriel) pidió refuerzos y fue asistido directamente por el arcángel Miguel, quien encerró al espíritu llamado el *príncipe del reino de Persia*. La entidad demoníaca fue la que más tarde Pablo identificó como un principado (Efesios 6:12), que es un espíritu dominante que influencia los gobiernos de naciones, ciudades o provincias.

El ángel reveló que había venido a Daniel por causa de sus "palabras". Estas palabras eran las oraciones que el profeta había enviado al templo celestial, pidiendo a Dios que trajera entendimiento. Gabriel es el ángel principal que trae una revelación específica del trono de Dios y previamente había aparecido dos veces ante Daniel, dándole al profeta hebreo comprensión de los eventos proféticos que se desarrollarían en el futuro. (Vea Daniel 8:16; 9:21). La Biblia es clara en que hay ocasiones en que Dios envía respuestas a las oraciones por medio de ángeles.

En la época del segundo templo, había un sacerdote llamado Zacarías. Su esposa, Elisabet, prima de María la madre de Cristo, era de edad avanzada y nunca había concebido. Una mañana mientras Zacarías estaba quemando incienso en el altar de oro, en el templo en Jerusalén, el ángel Gabriel apareció al lado derecho del altar con un mensaje de que la esposa de Zacarías, Elisabet, concebiría y daría a luz a un hijo llamado *Juan*, que vendría con el "espíritu y el poder de Elías" (Lucas 1:4-17). Zacarías tuvo temor, quizás porque debía estar solo en el lugar santo cuando ofrecía el incienso, y este *desconocido* había entrado, lo cual podía hacer que el juicio de Dios cayera de repente sobre ambos. Segundo, en la tradición judía, el lado derecho del altar siempre estaba reservado para Dios mismo. ¡Quizás Zacarías tuvo miedo de morir si era Dios el que se estaba presentando! El ángel anunció: "Zacarías, no temas; porque tu oración ha sido oída" (Lucas 1:13).

Aquí estaba un sacerdote del templo, quemando incienso en el altar de oro, que según las Escrituras representa las oraciones de los santos ascendiendo hacia Dios en su templo celestial. El salmista sabía esto cuando escribió: "Suba mi oración delante de ti como el incienso, el don de mis manos como la ofrenda de la tarde" (Salmo 141:2). ¡Qué maravilloso es que mientras Zacarías está presentando las oraciones de los otros ante Dios, el Señor responde su propia oración en el altar de incienso!

—Perry Stone, *Ángeles en misión*

Ninguna oración pasa desapercibida

Los ángeles recogen todas nuestras oraciones y estas se ofrecen como un sacrificio a Dios. Hasta que la respuesta esté lista, ellas arden delante en trono de Dios como un dulce sacrificio. Los ángeles cuidan nuestras oraciones y son los agentes utilizados para responderlas. A su debido tiempo el Espíritu Santo y los ángeles de fuego se mueven para responder las oraciones justas de los creyentes. Un claro ejemplo de cómo funciona esto se encuentra registrado en Lucas 1:8-12.

Zacarías estaba sirviendo como sumo sacerdote y ministraba quemando incienso mientras todo el pueblo estaba en el patio exterior del templo orando a la hora del incienso. El pueblo sabía que la oración mezclada con el sacrificio y la adoración eran poderosos y eficaces. En ese momento las invisibles obras de Dios se tornaban visibles. Asombrosamente, el ángel del Señor se paró sobre el lado derecho del altar de incienso. ¿Qué estaba haciendo el ángel? Estaba juntando las oraciones de los creyentes como siempre lo hacía, pero ese día se manifestó ante Zacarías. ¿Por qué se dejó ver el ángel? Porque Zacarías y Elisabet habían estado orando de todo corazón toda su vida por un hijo. A la hora del incienso, la hora de la oración, el ángel que vigila las oraciones se manifestó. Esta escena concluye con un temeroso Zacarías dudando de la palabra de Gabriel, por lo que quedó mudo para que no pudiera confesar su incredulidad ni contradijera la palabra de fe proclamada por su esposa, Elisabet. Los ángeles respondieron a "la voz de su precepto" (Salmo 103:20); por lo tanto, Gabriel no permitiría que ninguna palabra de incredulidad se pronunciara durante el embarazo de Elisabet.

Considere la siguiente historia de la oración respondida de una mujer:

> Mi esposo y mi hijo mayor trabajan en el mismo lugar en Colusa, California. Vivimos en Colusa, y nuestro hijo vive a treinta millas de distancia. Ellos trabajan desde hora temprana. Una mañana después que mi esposo había salido hacia el trabajo, yo no podía dormir. Miré el reloj y eran las 4:45 a.m. Nuestro hijo me venía muy fuerte a la mente y al corazón. Creí que estaba siendo sobreprotectora y traté de cerrar los ojos para volver a dormir.
>
> El peso se hizo tan grande que no podía quedarme allí acostada. Llamé a mi esposo al trabajo y le pregunté si nuestro hijo ya había llegado. Dijo que no. Para ese momento ya eran las 5:20 a.m. y él debía comenzar a trabajar a las 5:30. Empecé a orar y a pedirle a Dios que por favor enviara a sus ángeles alrededor de mi hijo y lo guardara en el camino hacia el trabajo.

Todavía estaba orando por ángeles de Dios cuando, unos veinte minutos más tarde, escuché un auto fuera. Al abrir la puerta del frente, mi hijo se acercaba. Su auto seguía encendido, la puerta del conductor abierta, y tenía la cabeza entre las manos. Estaba llorando, y decía: "Mamá, estuve a punto de morir".

Había caído dormido sobre el volante mientras cruzaba un puente de dos millas. En una curva, el auto se fue al otro carril y golpeó contra la pared de cemento. El auto levantó alrededor de una pulgada de la parte superior del muro. Él se despertó y luchó por apartar el auto de la pared, y raspó contra ella por al menos diez pies.

Abracé a mi hijo, y le conté lo que me había pasado más temprano y que había orado que los ángeles de Dios lo protegieran. Ambos lloramos y agradecimos a Dios por darle un ángel guardián.[1]

Esperan que alguien ore

Una noche mi esposa y yo estábamos con algunos amigos, éramos como una docena, adorando y orando. Nos habíamos juntado porque una pareja estaba experimentando una tremenda guerra espiritual. Estaban viendo cosas realmente demoníacas. Así que durante este tiempo estábamos todos juntos orando por ellos.

De repente, en un instante, *¡bam!* ¡Otro muchacho y yo fuimos tomados en el Espíritu! Fue algo único debido a que lo experimentamos juntos. Este otro muchacho y yo estábamos en el Espíritu juntos, viendo las mismas cosas al mismo tiempo. Todos los demás que estaban en la habitación podían oír nuestras voces, describiendo lo que estaba sucediendo porque nuestros cuerpos seguían estando allí. Pero nuestros espíritus habían sido llevados a otro reino, y estábamos con Dios el Padre.

En ese reino podíamos reconocer lo que estaba pasando en el lado oscuro alrededor de la familia por la que nos habíamos juntado a orar. Pudimos ver exactamente lo que estaba ocurriendo, y clamamos: "¡Dios! ¡Envía tus ángeles!" Entonces, *buuump*, como un relámpago, hasta donde nuestros ojos podían ver, comenzaron a aparecer huestes angélicas. Eran ángeles guerreros. Me refiero a que eran ángeles brillantes con enormes espadas y sus armaduras estaban lustradas y brillaban tanto que eran casi blancas.

Un ángel dio un paso al frente y dijo: "Hemos estado esperando que alguien orara" Mi única respuesta fue: "¡Guau!"

Este ángel volvió a tomar su puesto, la hueste de ángeles se marchó y de repente pudimos ver que se desarrollaba una guerra. Podíamos observar esta guerra entre las huestes angélicas de Dios y los espíritus de las tinieblas. Era una guerra literal que se llevaba a cabo en los lugares celestiales. Contemplamos su duración durante varios minutos en la casa de esta familia y en su vecindario. No podíamos creerlo; era tan real. Fue *real*.

Al pensar en ello más tarde, me vino a la mente lo que Pablo escribió en 1 Tesalonicenses 5:17: "Orad sin cesar". ¡No sabemos lo que nuestras oraciones puedan estar activando!

Esa tarde pude ver la realidad de lo que pasa cuando oramos. Me di cuenta de que, mientras orábamos y pedíamos al Padre que soltara sus ángeles a favor de esta familia — a favor de lo que estaba sucediendo, contra el comportamiento de las tinieblas— y realmente pudimos ver venir a las huestes celestiales venir y hacer erupción sobre esta familia y su casa y todo su hogar.

—Steven Springer, anciano, con su esposa, Rene, de Global Presence Ministries de Madison, Wisconsin

¿QUÉ NOS DICE TODO ESTO A NOSOTROS?

1. Los ángeles moran en el lugar secreto de oración.

2. Los ángeles son movilizados y motivados tanto por la oración individual como por la oración colectiva.

3. La oración es mejor cuando se ofrece en un contexto de profunda adoración.

4. Los ángeles velan por las oraciones que aún no han sido respondidas.

5. Las oraciones son olor dulce y fragante para Dios nuestro Padre.

6. Las oraciones ascienden a Dios de las manos de nuestros ángeles aliados.

7. Los ángeles responden negativamente a las palabras equivocadas; las confesiones negativas, las maldiciones y la falta de fe obstaculizan el obrar milagroso de la Palabra.

8. Las oraciones ofrecidas con apasionada fe y confianza en Dios serán respondidas por Él mismo y cumplidas por los ángeles.

Sus oraciones le importan a nuestro Padre y ponen en acción la ayuda de los ángeles. Recuerde, ninguna oración pasa desapercibida ni queda sin respuesta. Me doy cuenta de que para algunos de ustedes esto no tiene sentido, porque han orado por sanidad y esta no se produjo, o porque han sufrido mucho y parece no haber consuelo. Sin embargo, los pasajes de los que hablamos en este capítulo muestran que nuestras oraciones han sido confiadas a los ángeles hasta el momento apropiado. Como aliados con los ángeles, tenemos que estar convencidos del poder de la oración y pasar regularmente tiempo con Dios.

Capítulo 16

MEDIANTE EL MINISTERIO DEL REINO

Por Ron Phillips

LA ACTIVIDAD ANGÉLICA está en incremento en estos últimos tiempos. Hay una doble razón para las operaciones sobrenaturales. Primero, a medida que avanzamos hacia el fin, las opciones humanas comienzan a mermar. La ingenuidad humana crea un mundo que se acelera hacia la ruina y el caos. A medida que se acerca ese tiempo, Dios libera más intervención angélica para proteger a su pueblo y para promover su Reino. Además, en el siglo pasado, la Iglesia ha estado experimentando el renuevo y la restauración de los dones pentecostales.

Comenzando con la Calle Azusa a principios del siglo veinte y continuando hasta este preciso día, un poderoso derramamiento del Espíritu Santo está atravesando nuestro mundo. Los historiadores nos dicen que en realidad estamos en la tercera ola de este movimiento mundial del Espíritu. Las conversiones al cristianismo en el tercer mundo están alcanzando cantidades récords. Incluso el mundo islámico está siendo poderosamente impactado por lo sobrenatural. Visiones, sueños y ángeles aparecen incluso donde no hay presencia misionera.

A medida que las iglesias y los ministerios abrazan el ministerio carismático, las antiguas divisiones se diluyen y la unidad del Reino se propaga en todo el mundo. La Iglesia de los últimos tiempos debe estar orientada hacia el Reino de manera que lo sobrenatural sea soltado, lo que incluye la milagrosa asistencia de los ángeles.

MINISTERIO DEL REINO

Cuando tratamos del fundamento milagroso desde el que operan los ángeles, es esencial que conozcamos cómo estar en una posición óptima para recibir y activar su influencia sobrenatural en nuestro mundo. Una de las cosas fundamentales que debemos entender es cómo funciona el Reino de Dios en relación con nosotros y el ámbito terrenal. Como ya he señalado, hay ciertas leyes del Reino en la Palabra de Dios que los ángeles acatan, y para beneficiarnos con ellos como aliados nuestros, nosotros también debemos respetar esas leyes. Nuestra comprensión del Reino de Dios nos ayudará a entender la conexión entre las leyes del reino y nuestros aliados angélicos.

De acuerdo con Lucas 17:21, el Reino de Dios habita entre nosotros. Así que si Jesús es el Señor de nuestras vidas, entonces su Reino ha venido a través de nosotros. Sin embargo, solo tendremos total acceso a él y a sus recursos una vez que hayamos nacido de nuevo por el Espíritu de Dios. (Vea Juan 3:5). Este acceso a los recursos del Reino demanda una buena disposición para el cambio (arrepentimiento) y un espíritu sumiso y quebrantado. (Vea Mateo 3:2 y 6:33). Con el reino de Dios presente a nuestro alrededor por medio de milagros angélicos, las antiguas divisiones entre iglesias se quiebran, e incluso hay conversiones en los países islámicos; resulta claro que estamos viviendo en un tiempo de avance del Reino.

Pero no es solo que el Reino de Dios esté aquí, sino que también está aún por venir. Hebreos 2:8-9 dice: "Todavía no vemos que todas las cosas le sean sujetas. Pero vemos a Jesús". Todavía no vemos todos los aspectos ni las obras internas del reino de Dios, pero su plenitud aún está por venir porque seguimos esperando que Jesús regrese a la tierra por segunda vez. En Juan 18:36 Jesús confirma esto al decir que el Reino de Dios "no es de este mundo".

El Reino atraviesa el "ahora" por el Espíritu Santo. En las cartas de Pablo, él llama al bautismo del Espíritu Santo ¡una garantía en el aquí y ahora de los poderes del mundo venidero! (Vea 2 Corintios 1:21-22; Efesios 1:14). Estoy convencido de que muchos cristianos son hijos del Reino, ¡pero no son hijos! Todos los que son salvos son hijos, pero los derechos de filiación, que incluyen a los ángeles, milagros, señales y prodigios, pertenecen a aquellos que han sido bautizados en el Espíritu Santo.

¡El Espíritu Santo desata el poder del reino ahora! Los ángeles son una parte de ese reino que llamamos "el reino del cielo". Cuando una iglesia o un creyente se disponen a agotar todo lo que Dios tiene, ¡la actividad angélica se incrementará exponencialmente! En un mundo herido, triste y sucio necesitamos que se active este Reino que es "justicia, paz y gozo en el Espíritu Santo" (Romanos 14:17).

Ahora que hemos explorado cómo podemos estar en posición para recibir y activar el reino del cielo con el ministerio angélico, observemos algunos de los fundamentos sobre los cuales andan los ángeles para impactar la tierra con poder del reino.

Ministerio angélico en la Iglesia

En Abba's House (Central Baptist Church, Chattanooga, Tennessee), donde he servido durante treinta años, pasamos de un ministerio tradicional a lo que algunos llaman carismático. La transición comenzó en 1989 y sigue hasta hoy. Desde 1993 han tenido lugar observaciones de ángeles, cantos de ángeles, esferas de luz y ráfagas de fuego. Todas estas manifestaciones ocurrieron después de que fui bautizado en el Espíritu Santo y a medida que la iglesia se movió hacia ese Reino. Mi creencia es que el ministerio angélico en la iglesia del Reino de hoy es similar al que tuvo lugar en la iglesia del Nuevo Testamento.

Cuando leemos el Nuevo Testamento, encontramos sus páginas llenas de actividad angélica. Cuando la Iglesia trae a los perdidos al conocimiento salvífico de Jesucristo, los ángeles se le unen en una celebración y alabanza por su conversión. Las Escrituras dicen que cuando un pecador se arrepiente "hay gozo delante de los ángeles" (Lucas 15:10). Cuando la iglesia se junta a orar, los ángeles se reúnen con nosotros (Hebreos 12:22). Los ángeles muestran una fuerte curiosidad por la vida espiritual de los creyentes (1 Pedro 1:12). Sin duda debido a su gran número, su actividad en el ámbito espiritual y su presencia entre los miembros de la Iglesia del Reino, se nos advierte que no hagamos de los ángeles objeto de nuestra adoración (Colosense 2:18).

En su libro *La verdad sobre los ángeles*, Terry Law ilustra cómo se movilizan los ángeles cuando nosotros adoramos a Dios. Comparte varias historias que hablan de la actividad angélica en las iglesias.[1]

Sharon Abrams, la esposa de un médico que asiste a Agape Church, contó haber visto a dos ángeles durante un servicio. Los ángeles estaban sobrevolando la congregación con sus brazos extendidos. Tenían la piel clara y el cabello de color claro, y medían 7 u 8 pies. Abrams escribió: "Eran de cara ancha, con pómulos levantados y preciosas sonrisas. Parecían hombres, solo que no tenían barba. Había inocencia en sus rostros, y el gozo de sus expresiones era maravilloso. No usaban zapatos, pero vestían unas largas túnicas blancas con trenzas de oro. No puedo recordar exactamente dónde estaba localizada la trenza en las túnicas. Supe que estaban en la reunión por nuestra alabanza y adoración, porque Jesús estaba siendo exaltado y adorado. Percibí que había muchos más seres presentes en el auditorio, pero solo pude ver a esos dos".[2]

Marilyn Cappo de la iglesia Louisville Covenant en Kentucky dice que ella ha visto ángeles en varias ocasiones. Informó haber visto tres ángeles danzando sobre el techo de una casa en la que estaba reunido un grupo de la iglesia. Uno de ellos tocaba algo que parecía una pequeña arpa, quizás una lira. Más tarde, durante un servicio de adoración matutino en la iglesia, ella vio a un ángel de nueve pies de altura parado detrás del líder de alabanza. Más recientemente, dijo que vio a dos ángeles parados sobre la plataforma de su iglesia durante varios servicios diferentes. Los describió de esta manera:

"Miden algo más de seis pies de altura y se visten de blanco. No hablan pero levantan sus alas cuando las canciones que se cantan son una directa alabanza al Padre.

"Se paran a la izquierda del púlpito, mirando a la congregación, y nos observan expectantes. Los he visto de vez en cuando en un período de meses y he orado a menudo para entender su propósito y su misión en nuestra iglesia. Una mañana uno de ellos caminó por detrás del pastor y extendió sus alas mientras nuestro pastor nos hacía afirmaciones sobre Dios. Los ángeles parecen estar esperando que nosotros hagamos algo y siempre observan atentamente".

Patsy Burton de Wethersfield, Essex, en Inglaterra, escribió haber oído ángeles cantando durante un servicio de la iglesia. Dijo que la "claridad, el tono y la armonía eran absolutamente indescriptibles. De hecho, no hay palabras para describir cómo sonaban".

En *Somewhere Angels* (Ángeles en algún lugar), uno de los mejores libros que he conocido sobre los ángeles, el autor, Larry Libby, escribió sobre la adoración en Alaska: "Afuera, el viento de invierno gemía y susurraba contra las ventanas heladas de la iglesia. Pero adentro de esa pequeña iglesia, la gente estaba calentita y feliz y cantaba una alabanza tras otra a Dios. Algo misterioso y maravilloso sucedió esa noche helada y estrellada. Después de la última alabanza, la gente dejó de cantar. Los músicos dejaron sus instrumentos. Pero de alguna manera, el canto siguió. Todos lo oyeron. La preciosa alabanza musical siguió desarrollándose por un tiempo, como un largo y nevado eco".[3]

LOS ÁNGELES Y EL LIDERAZGO DEL REINO

Además, los ángeles acompañan a quienes sirven en el quíntuple ministerio. Miremos cuidadosamente esta escritura muy citada pero también malinterpretada sobre los ángeles: "No os olvidéis de la hospitalidad, porque por ella algunos, sin saberlo, hospedaron ángeles" (Hebreos 13:2).

Este versículo, cuando se lo ve en su contexto, se relaciona con la autoridad y el orden de la iglesia. Los creyentes son llamados a acordarse "de vuestros pastores" (Hebreos 13:7). Fíjese de nuevo en este mandato: "Obedeced a vuestros pastores, y sujetaos a ellos; porque ellos velan por vuestras almas para que lo hagan con alegría, y no quejándose, porque esto no os es provechoso" (Hebreos 13:17). El punto es muy claro: Los ángeles acompañan a quienes lideran, hablan la Palabra de Dios, enseñan la fe y velan por las almas, y les sueltan beneficios o prosperidad. Cuando un creyente se niega a someterse a los apóstoles, profetas, evangelistas, pastores y maestros, los ángeles que los acompañan son insultados y no sueltan bendición. Quienes se burlan o toman el pelo a los hombres y mujeres de Dios están obstaculizando el ministerio de los ángeles.

La siguiente historia ilustra el cuidado de Dios sobre sus líderes escogidos mediante de la intervención de ángeles. Un misionero que regresó a su casa para un corto descanso compartió esta historia en su iglesia de Michigan:

Mientras servía en un pequeño hospital de campaña en África, viajaba en bicicleta a una ciudad cercana cada dos semanas para recoger suministros. El viaje tomaba dos días, y requería acampar para dormir en el punto medio. En uno de esos viajes, llegué a la ciudad donde planeaba recoger dinero de un banco, comprar medicinas y provisiones, y luego emprender mi viaje de dos días de regreso al hospital de campaña.

Al llegar a la ciudad observé a dos hombres que peleaban, uno de los cuales fue seriamente herido. Atendí al herido y mientras tanto le hablé del Señor. Luego viajé durante dos días de regreso a la aldea, acampé por la noche y llegué a casa sin ningún incidente.

Dos semanas más tarde repetí mi travesía. Al llegar a la ciudad se me acercó el hombre al que había curado. Me dijo que sabía que yo había llevado dinero y medicinas. Me dijo: "Algunos amigos y yo lo seguimos hasta la selva, sabiendo que usted acamparía por la noche. Planeamos matarlo para tomar su dinero y las medicinas. Pero cuando estábamos a punto de entrar a su campamento, vimos a veintiséis guardias armados alrededor de usted". Ante esto, me reí y le dije que ciertamente yo estaba solo en ese campamento en la selva.

El hombre, sin embargo, insistió: "No, señor, no fui el único que vio a esos guardias; mis amigos también los vieron y los contamos. Fue por esos guardias que tuvimos miedo y lo dejamos solo".

En este punto del sermón, un hombre en la congregación se puso de pie e interrumpió al misionero. Le pregunto si podía decirle qué día exacto había sucedido aquello. El misionero le contestó, y el hombre que interrumpió contó la siguiente historia:

"La noche de su incidente en África, era de mañana

aquí y yo me preparaba para ir a jugar al golf. Estaba a punto de golpear la bola cuando sentí la urgencia de orar por usted. De hecho la urgencia del Señor era tan fuerte que llamé a algunos hombres de esta iglesia para que nos reuniéramos aquí en el santuario a orar por usted. ¿Podrían todos esos hombres que se reunieron conmigo ese día ponerse de pie?".

Los hombres que se habían reunido a orar ese día se pusieron de pie. El misionero no se preocupó mucho por saber quiénes eran: estaba demasiado ocupado contándolos. ¡Eran veintiséis![4]

Estas historias dejan en claro que cuando acogemos los ministerios de hombres y mujeres de Dios, recibimos a los ángeles que están asignados a ellos. Estos ángeles acompañantes son soltados en la comunidad que está siendo visitada por el invitado; allí luchan contra los poderes gobernantes del enemigo y desatan los milagros de Dios. Solo cuando recibimos a quienes Dios establece sobre nosotros podemos tener el ministerio completo de las huestes que están a su disposición.

Incluso la comunidad empresarial puede pasar de pérdida a ganancia acogiendo a los siervos de Dios y a sus ayudadores angélicos. En las elecciones de 2008, es interesante que la crisis financiera y la pérdida de beneficios en Estados Unidos ocurrieran cuando los medios y la Izquierda se burlaron de la fe de Sarah Palin. *Newsweek* se mofó de sus expresiones carismáticas, y los medios se rieron. Ángeles de provecho fueron insultados cuando se le faltó el respeto a esta mujer de Dios. Usted puede marcar la pérdida de ganancias en la bolsa de valores desde la burla a su fe carismática. Los ángeles fueron insultados y los negocios cayeron. (Vea Hebreos 13:2 y 17).

ÁNGELES Y AVIVAMIENTO

Las huestes celestiales pueden volver a movilizarse a favor de nuestras naciones occidentales solo si respetamos a los líderes espirituales que Dios envía. Cuando esto sucede, los ángeles vienen con fuego para limpiar y reavivar nuestra vida espiritual. Esto da como resultado la liberación de poder y recursos sobrenaturales. Hebreos 1:7 declara que los ángeles son llamas de fuego. El fuego pentecostal incluye el fuego angélico desatado para hacer su poderosa obra en la tierra. (Incluso nuestro hablar en lenguas es llamado en las Escrituras "lenguas angélicas", como vemos en 1 Corintios 13:1.) A medida que crezca la fe y la Iglesia opere en el poder del Reino, nuestros aliados angélicos nos ayudarán a tomar dominio en nuestras comunidades y naciones. Activemos a nuestros ángeles haciendo del Reino de Dios nuestra prioridad. Dios ordenará a los ángeles en nuestra dimensión a medida que nos movamos en el poder del Espíritu Santo.

Experimentando lo imposible

Cuando era un niñito e iba al kínder, recuerdo que me sentaba en la iglesia con uno de mis amigos y veíamos ángeles volando alrededor del templo. Esto sucedió durante varias semanas. Nos sentábamos allí y hablábamos de cómo volaban alrededor del templo estos ángeles que ambos podíamos ver. Era tan real. Era normal para nosotros: oíamos sobre los ángeles en la Biblia y los veíamos en la iglesia.

Así que un día compartimos esto con algunos adultos de la iglesia. Su respuesta fue: "Ustedes no pueden ver ángeles. No son capaces de ver ángeles. Eso es imposible. Están inventando historias".

Y en ese momento algo ocurrió, de repente una puerta se cerró. Cayó una puerta e impidió que sucediera todo eso en mi vida. Nunca volví a ver ángeles. De hecho, no los vi más en ningún lado, y ya no estuve ni siquiera volví a estar consciente de ese reino. Y fue porque esas personas me dijeron que eso no era real.

Lo que me asombra ahora como adulto es que la Biblia no dice que debemos ir a Dios como un intelectual sofisticado o como una persona muy educada. La Biblia dice que nos acerquemos a Dios con fe como un niñito (Lucas 18:17).

Al recordar esa situación, me doy cuenta de que cuando era niño, como había oído lo que la Biblia dice y lo creía, estaba abierto a ver en el mundo espiritual. Era tan fácil. No estaba forzando que eso pasara. No me esforzaba. Solo ocurría. Mi amigo y yo veíamos ángeles que volaban alrededor de la iglesia. De hecho, yo ni siquiera pedí ver ángeles. Solo sucedió naturalmente.

Pero cuando intervinieron las otras personas y comenzaron a decirme lo que Dios puede hacer y lo que no, o lo que no hará, esos encuentros se detuvieron. Cuando me dijeron lo que yo no debía estar viendo, eso se cerró para mí.

No fue sino hasta años más tarde cuando estaba en el ministerio de Ruth Heflin que el mundo sobrenatural se volvió a abrir en mi vida. Ruth era una evangelista pentecostal y de avivamiento. Yo estaba en su campamento Calvary Pentecostal cuando empecé a pedir: "Dios, cada tipo de unción, cada clase de don, cada tipo de bendición espiritual que haya en este lugar y que nadie más quiera recibir, yo quiero recibirla. Esas cosas que están allí, latentes, Dios, yo quiero recibir todo de ti".

Me fui a la cama esa noche y tuve un sueño. Vi tres ángeles; ellos vinieron hacia mí, y cuando lo hicieron, les pregunté sus nombres. Me dijeron sus nombres, y de hecho me dijeron que eran mis ángeles guardianes y que habían sido asignados a mi vida. Ellos continuaron diciéndome todas las diferentes cosas que se les habían encomendado.

Eso marcó el comienzo, una vez más, de mi familiaridad con el mundo angélico.

Desde entonces, Dios me ha llevado a la Palabra y me ha mostrado cientos de escrituras que detallan toda clase de encuentros con el mundo angélico, sobre cómo los ángeles se encuentran con la humanidad y cómo interactúan con nosotros.

Dios incluso me ha dado tres claves para poner en acción al mundo angélico en mi vida y cómo otros creyentes pueden hacerlo en las suyas. Esto ha sido tan poderoso porque al ministrar de esa manera, muchas personas se encuentran siendo movilizadas también al mundo angélico.

La activación del mundo angélico no es para gloriarse de uno mismo. No es para autopromoverse. No es para que podamos decir que somos más espirituales que otra persona. La razón por la que Dios envía ángeles a la humanidad, la razón por la que Dios envía ángeles a la tierra, es para interactuar con la humanidad. Es para su interacción con la humanidad para que los propósitos de los cielos sean desatados.

En última instancia, el propósito de que el mundo angélico interactúe con la humanidad es que Jesucristo sea glorificado en la tierra.

—Joshua Mills, artista discográfico, autor y conferencista que lidera el ministerio New Wine International

Capítulo 17

CINCO PRINCIPIOS BÍBLICOS
QUE LIBERAN ÁNGELES

Por Terry Law

ESENCIALMENTE, LOS ÁNGELES son agentes del gobierno de Dios, el soberano gobernante del universo (Isaías 46:8-11; Romanos 11:36; Efesios 1:11). Las actividades de los ángeles en la Biblia estaban directamente relacionadas con el plan soberano de Dios. *Nada hecho por el hombre podía controlar a los ángeles.* Su motivación principal es obedecer y servir a Dios. Sin embargo, los hombres pueden hacer algunas cosas que activan a los ángeles, o los ponen en movimiento para actuar a su favor.

Al estudiar a los ángeles, he descubierto cinco principios bíblicos que parecen ponerlos en acción para cumplir su rol de servir a Dios sirviendo a su pueblo. En otras palabras, nuestras acciones parecen influenciar sus acciones. Esos cinco principios son: autoridad, sacrificio, oración, dar en obediencia (u ofrendar), y alabanza y adoración.

AUTORIDAD

El primer principio es la obediencia y la sumisión a la autoridad. Cuando los ángeles nos ven obrando apropiadamente bajo autoridad, son liberados para ministrar por nosotros como el Espíritu Santo quiera.

Todo el universo funciona de acuerdo con el principio de autoridad —incluyendo al reino de Satanás. El único lugar en donde la autoridad generalmente es resistida es aquí en la Tierra.

Al estudiar el tema de los ángeles, una y otra vez me ha impactado la relación que hay entre ellos y el principio de autoridad. Los ángeles de Dios obran bajo la autoridad de Dios. Los ángeles de Satanás operan bajo la autoridad de Satanás.

Hay orden en el malvado reino de Satanás porque es una imitación del reino ordenado y justo de Dios. Lo más importante de todo, sin embargo, ya que consideramos justamente lo que la jerarquía angélica puede significar, es que Jesús está muy por encima de todos ellos. No hay nadie que sea igual ni superior Él.

Él delegó su autoridad sobre los espíritus malignos a los discípulos aun antes de ser crucificado y de resucitar. Su ejemplo muestra cómo debemos andar en esa autoridad delegada.

> He aquí os doy potestad de hollar serpientes y escorpiones,
> y sobre toda fuerza del enemigo, y nada os dañará. Pero no
> os regocijéis de que los espíritus se os sujetan, sino regoci-
> jaos de que vuestros nombres están escritos en los cielos.
> —Lucas 10:19–20

Los espíritus malignos pueden darse cuenta de si una persona está obrando con la autoridad de la Palabra de Dios. Un ejemplo bíblico involucra a siete hijos del sacerdote judío Esceva. Ellos trataron de echar fuera un espíritu maligno en el nombre de Jesús "el que predica Pablo". Pero ellos no eran nacidos de nuevo, así que no tenían derecho a usar la autoridad de Jesús, y el espíritu maligno los venció a los siete (Hechos 19:13-16). De hecho, el hombre poseído les arrancó las ropas a los siete hombres y los persiguió por la calle.

La respuesta del espíritu a estos hombres fue: "A Jesús conozco, y sé quién es Pablo; pero vosotros, ¿quiénes sois?" (Hechos 19:15). Usted prácticamente puede oír la beligerancia en el tono de ese espíritu. No obedecería a nadie que no tuviera autoridad sobre él. Esta es una ley del reino espiritual: la ley de autoridad.

El autor Neil Anderson dice: "La autoridad espiritual no es un tira y afloje en un plano horizontal; es una cadena de mando vertical". Escribió:

> Jesucristo tiene toda la autoridad; Él está a la cabeza.
> Nosotros estamos debajo de Jesús, porque Él dio su autoridad y su poder a sus siervos para que echemos fuera demonios en su nombre.
> ¿Y Satanás y sus demonios? Ellos están al final de todo,

sujetos a la autoridad que Cristo ha puesto en nosotros. Ellos no tienen más derecho para gobernar su vida que el que tendría un soldado raso de ordenarle a un general que limpie la letrina.[1]

Si la Iglesia entendiera esto, el mundo se convertiría en un lugar diferente, aún en medio del *cosmos diabolicus*.

La autoridad *conlleva* responsabilidad, y la autoridad *sigue* a la responsabilidad; no la precede. La Gran Comisión demuestra esto. Jesús dijo: "Se me ha dado *toda autoridad* en el cielo y en la tierra. Por tanto, vayan y hagan discípulos de todas las naciones (Mateo 28:18-19, NVI, énfasis añadido). Esta es una increíble responsabilidad para la Iglesia. Para que el trabajo se lleve a cabo, Él delegó por completo su autoridad a la Iglesia. En otras palabras, Jesús dijo: "Como Yo les di toda la responsabilidad, ustedes también tienen la autoridad de mi nombre para llevarla a cabo".

Si no asumimos responsabilidad en esta tarea, nuestra autoridad se anula. Usted puede gobernar por la fuerza, por algún tipo de poder, pero no hay ninguna autoridad detrás de ello. Como les sucedió a los siete hijos de Esceva, no tiene sentido hablarles a los demonios, mucho menos a los principados y potestades, si no ha asumido la responsabilidad de las concupiscencias de su carne.

Otro elemento de la autoridad es la sumisión. La sumisión a la autoridad es un acto de obediencia, pero también es una forma de fidelidad.

Si queremos autoridad en el Reino de Dios, primero debemos aprender a ser buenos seguidores y a someternos a la autoridad con una actitud correcta. Dios les dijo a los israelitas: "Si quisiereis y oyereis, comeréis el bien de la tierra", (Isaías 1:19). La obediencia bajo coacción o con un corazón renuente no es verdadera obediencia.

En otras palabras, si usted quiere obrar en autoridad, tiene que ponerse bajo autoridad. Eso es porque lo niveles de autoridad en el mundo son establecidos por Dios. Si usted quiere saber si está bajo autoridad, júzguese de acuerdo con estas 7 pautas. (Estos 7 niveles de autoridad están enumerados en orden de supremacía).

1. Debemos ser obedientes a la soberana voluntad de Dios. Este es el nivel de autoridad más alto. Es absoluta e infalible.

2. Debemos ser obedientes a la veracidad (verdad) de la Palabra de Dios. La Palabra de Dios tiene en el universo la posición de autoridad veraz, donde *veraz* significa que "siempre es verdad".

3. No debemos ir en contra de nuestra propia conciencia. La conciencia de algunas personas no les permitirá hacer lo que otra gente puede hacer. Un ángel de Dios no le pedirá que vaya contra su conciencia, pero un ángel de luz (uno que presente un evangelio diferente al que se encuentra en la Palabra de Dios) sí podría hacerlo.

4. Debemos obedecer las leyes de la tierra y las de nuestras iglesias, en tanto esas directivas no entren en conflicto con los tres primeros niveles de autoridad. Eso es porque toda autoridad en la Iglesia y en el mundo es delegada por Cristo (Romanos 13:1). Sin embargo, no estoy defendiendo la obediencia ciega a cualquier ley u hombre, sino que se acepte la autoridad civil y de la Iglesia como ordenada y delegada por Dios.

   Los intentos de coaccionar por medio de la fuerza emocional o espiritual —temor, vergüenza, culpa o cualquier otra técnica de manipulación— son abusos de autoridad. Los sistemas políticos tiránicos, como el nazismo o el comunismo, son autoridades abusivas, no son verdaderos representantes de la autoridad ordenada por Dios.

5. Debemos honrar a la autoridad estipulada, que es la autoridad que se especifica por medio de un acuerdo. Un ejemplo de esta clase de autoridad es cuando las partes firman un contrato que las vincula legalmente.

6. Debemos honrar la tradición si no se ha convertido en algo abusivo o si no entra en conflicto con otros niveles de autoridad. Por ejemplo, la tradición está equivocada cuando se le da un nivel de autoridad más alto que el de la Palabra de Dios (Mateo 15:3-6).

7. Debemos honrar la autoridad de otros, que proviene de sus talentos, habilidades o capacidades. Esto se llama autoridad funcional y, otra vez, está originada en Dios. Cuando estamos enfermos vamos a ver a un doctor, no a un mecánico.[2]

La autoridad y nuestras palabras

La autoridad de nuestras palabras depende de si obedecemos y nos sometemos o no a los niveles de autoridad que están sobre nosotros. Comparemos las diferencias entre las palabras de fe de María y las de duda de Zacarías cuando recibieron la visita del ángel Gabriel. Debe haber sido difícil para ellos creerle a Gabriel; Zacarías era demasiado viejo para tener un hijo, y María era virgen.

Zacarías hizo una pregunta que estaba llena de duda —casi parecía que estuviese pidiendo una señal de que lo que Gabriel le estaba diciendo sucedería (Lucas 1:18). "¿En qué conoceré esto? Porque yo soy viejo, y mi mujer es de edad avanzada", dijo él. Gabriel actuó rápidamente para detener las palabras de incredulidad de Zacarías (Lucas 1:20). Zacarías quedó mudo y no pudo volver a hablar hasta que nació Juan. Él obtuvo su señal, pero probablemente no fue la clase de señal que hubiera preferido. Los ángeles son sensibles a lo que nosotros decimos. Parece que nuestras palabras de fe o de duda pueden "activarlos" o "desactivarlos".

María se *sometió* a la autoridad de la Palabra de Dios y dijo: "Hágase conmigo conforme a tu palabra" (Lucas 1:38). Creo que ella quedó embarazada en ese momento. Su fe activó la Palabra de Dios, que inmediatamente se volvió carne dentro de ella. Su sumisión a la autoridad se transformó en fe y dio como resultado la concepción de Jesús, el Hijo de Dios, en su vientre. Su respuesta es una de las afirmaciones de fe más poderosas de la Biblia.

Jesús enseñó que somos redimidos, justificados o hechos justos por nuestras palabras, y que también somos condenados por nuestras palabras (Mateo 12:37). Cuando somos sensibles a Dios, resulta sencillo discernir la atmósfera opresiva creada por palabras de duda o incredulidad.

Los ángeles están observando a la Iglesia

Por medio de Jesús, la Iglesia ha sido elevada a un lugar más alto que el de los ángeles. Somos de la familia de Dios y estamos sentados a la derecha del trono de Dios con Jesús. ¡Qué posición de autoridad le da esto a la Iglesia! Jesús delegó su autoridad a la Iglesia, y como los ángeles entienden esa autoridad, están observando para ver qué hacemos con ella.

Cuando los cristianos reciben la revelación de su posición en Cristo, cuando se oponen al poder del enemigo en el nombre de Jesús, reconociendo la autoridad que Dios le ha dado a la Iglesia, los ángeles entienden esa autoridad. Si nuestro deseo es ver la voluntad de Dios cumplida en la tierra, y estamos bajo autoridad, los ángeles fluirán con nosotros.

SACRIFICIO

Sacrificarse en cualquier área por amor a Dios es el segundo principio que creo que activa a los ángeles. Muestra una entrega de todo corazón hacia Dios que trae una respuesta. El sacrificio en realidad está muy relacionado con la alabanza y la adoración.

Escribí sobre el sacrificio en uno de mis libros anteriores:

> Dios demandó que Caín y Abel le llevaran un sacrificio. Abel ofreció para el sacrificio un animal que fue agradable para el Señor (un ser vivo sustituto de sí mismo). Caín ofreció al Señor las primicias de su cosecha, el fruto de la tierra, pero esto no fue aceptable (no involucraba ningún sacrificio). Como resultado de ello, Caín mató a Abel por celos.
>
> Abraham y David entendían claramente el principio del sacrificio. Abraham estuvo dispuesto a matar a su hijo Isaac para el Señor en el Monte Moriah. Un ángel se le apareció a Abraham cuando levantó su cuchillo, preparado para tomar la vida de Isaac. David tuvo que ofrecer

un sacrificio a Dios en la era de Ornán el jebuseo para detener al ángel de la muerte cuya espada estaba extendida contra Jerusalén para destruirla.[3]

Quizás usted se esté preguntando por qué Dios demanda sacrificio. Desde el momento en que Adán y Eva desobedecieron, el hombre ha sido una criatura separada del Creador a causa del pecado. La única manera de acercarse a la santidad de Dios era por medio de la muerte sustituta de un ser viviente. La pena por la desobediencia, requerida para toda la raza humana luego de la caída de Adán, era la muerte (Génesis 2:17). Hasta la muerte vicaria de Jesús una vez y para siempre, tenía que haber muerte. La sangre es una prueba de tal muerte, porque la sangre es la vida (Deuteronomio 12:23). El sacrificio de animales era una sustitución —una señal misericordiosa de una vez y para siempre del sacrificio de Jesús que habría de venir.

¿Por qué David se negó a tomar la era de Ornán (Araunah) como un regalo, sino que insistió en pagar su justo precio antes de hacer el sacrificio a Dios (2 Samuel 24:18-25; 1 Crónicas 21:17-30; 2 Crónicas 3:1)? David sabía que no sería una ofrenda verdadera a menos que le costara algo. La naturaleza humana (nuestras almas) prefiere por mucho alabar a Dios cuando las cosas van bien, ¡pero refunfuñamos y nos quejamos cuando andan mal!

Tendemos a decir: "Dios, ¿qué has hecho por mí últimamente?" Esa actitud no activará a los ángeles a favor nuestro. La adoración sacrificial provee un derecho legal para que los ángeles asciendan y desciendan una y otra vez del trono de Dios y traigan ayuda para los santos. Gedeón y Manoa y su esposa ofrecieron sacrificios cuando fueron visitados por ángeles, y los ángeles volvieron al cielo mientras los sacrificios ardían (Jueces 6:21; 13:20). La mayoría de las iglesias tienen reuniones de alabanza y adoración, pero muchas no entienden verdaderamente lo que están haciendo.

Cuando Gabriel apareció ante Zacarías para anunciar el nacimiento de Juan el Bautista, fue mientras el sacerdote ofrecía un sacrificio de incienso al Señor. El incienso es un símbolo de la adoración pura. En otras palabras, el sacrificio de Zacarías para el Señor atrajo al ángel hacia él con una respuesta a su oración de toda la vida por un hijo.

He aprendido que si puedo conducir al pueblo a un sacrificio de alabanza, algo de eso hace que los ángeles participen. Esto es especialmente verdadero para los que están enfermos y sufren.

La oración, la Palabra de Dios en nuestros labios

El tercer principio que activa a los ángeles es la oración, especialmente orarle a Dios su Palabra. No hay duda de que la oración activa a los ángeles a nuestro favor. Las oraciones de arrepentimiento de Moisés a favor de los israelitas los salvaron varias veces de la destrucción (Números 14:11-21; 21:5-9 y otros). La intercesión de Abraham a favor de Lot y su familia activó a los ángeles para que los rescaten (Génesis 18:17-33). Esos son dos de los muchos ejemplos bíblicos.

La mejor manera de renovar nuestras mentes para que cualquier pensamiento que provenga de espíritus malignos no pueda encontrar alojamiento es meditar en la Biblia. He aprendido que sucede algo especial en el reino angélico cuando los cristianos declaramos la Palabra de Dios en medio de circunstancias adversas. De alguna manera eso libera al mundo angélico para que obre junto con nosotros.

Nuestras oraciones son mucho más eficaces cuando oramos la Palabra de Dios a Él. Eso nos permite ponernos de acuerdo con Él en vez de perder tiempo y energía implorando que Él se ponga de acuerdo con nosotros. Muchas veces tendemos a orar por el problema y a hablar tanto del problema que al final obramos en "fe negativa" —fe de que va a ocurrir o que está ocurriendo algo malo—. Los problemas no activan a los ángeles. La Palabra de Dios los activa.

Las promesas de Dios traen provisiones, incluyendo la ayuda de los ángeles si es necesaria. Alguien dijo que hay siete mil promesas en la Biblia. Dios no quiere oír el problema. Él quiere oír la promesa que resuelve el problema. Él quiere oírnos alabándolo por adelantado por esa promesa. Él honra la oración que nos cuesta algo.

Recuerde, la oración de la Iglesia trajo al ángel para que sacara a Pedro de la prisión. La oración trajo al ángel para que tapara la boca de los leones para Daniel. Las palabras de fe (oración) de los tres jóvenes hebreos trajeron al cuarto hombre al horno ardiente.

DAR EN OBEDIENCIA

El cuarto principio que pone en movimiento a los ángeles tiene que ver con dar para la obra de Dios, el pueblo de Dios o los pobres o necesitados. Algo en el dinero y su uso por parte de la Iglesia toca el mundo de los ángeles. El dar con sacrificio activa tanto a los ángeles como la alabanza con sacrificio. Los espíritus malignos están tratando de impedir que el pueblo de Dios dé hoy.

Cornelio, el primer gentil en ser lleno del Espíritu Santo, era un dador. El ángel le dijo que sus oraciones y sus limosnas (dinero) habían subido para memoria delante de Dios (Hechos 10:4).

Cuando Satanás se convirtió en "dios de este mundo" (2 Corintios 4:4), las finanzas del mundo también pasaron a estar bajo la autoridad de Satanás. El sistema económico mundial es el sistema de Satanás, su forma de manejar el comercio y el dinero, no la de Dios.

Sin embargo, por medio de la obra de Jesús en la cruz, la autoridad sobre los recursos del mundo volvió a pertenecerle a Dios. Debido a que Dios nos ha dado la responsabilidad de alcanzar al mundo, también nos dio la autoridad para completar ese trabajo. Al serle delegada esa autoridad, la Iglesia debería tomar dominio sobre la plata y el oro por medio de principios bíblicos. Nuestra administración de las finanzas probablemente demuestra más que ninguna otra cosa si estamos bajo la autoridad de Dios. Los ángeles saben cómo manejamos nuestro dinero.

Kenneth Hagin padre solía decir que cuando el Señor le mostró el ministerio de los ángeles, eso incluía la ayuda con las finanzas. Él recibió estros tres pasos para poner en acción la ayuda angélica:

1. Pida lo que necesita

2. Dígale al diablo que saque sus manos de su dinero y de sus recursos.

3. Dígales a los ángeles ministradores que vayan y traigan lo que se necesita.

Hagin dijo que los ángeles del Señor están esperando que la Iglesia dé órdenes de acuerdo con la Palabra de Dios y bajo la dirección del Espíritu Santo.

Willie George, pastor de Church on the Move en Tulsa, Oklahoma, también cree muy firmemente que los ángeles tienen que ver con las finanzas a favor de los hijos de Dios.

El principio de dar en obediencia me fue demostrado cuando era un pastor muy joven. Este incidente cambió el curso de toda mi vida. En 1967, yo pastoreaba una pequeña iglesia en Hatton, Saskatchewan, en las praderas del oeste de Canadá. Mi padre era pastor de una iglesia más grande en Medicine Hat, Alberta, a cincuenta millas. Mi congregación era de unos veinticinco miembros; ¡Cuando asistían treinta personas a una reunión era todo un acontecimiento!

Obviamente, una congregación de ese tamaño no podía pagarme un salario completo, así que lo complementaba trabajando con un granjero de esa localidad, Ed Stahl. Ed era un granjero exitoso; tenía una manda de quinientas Herefords de pura raza corriendo en trece millas cuadradas de tierra árida y seca. Encontrar agua para su ganado era uno de los mayores problemas en una zona de rancheros y granjeros.

Sin embargo, Ed era un hombre muy singular y uno de los hombres más piadosos y honestos que he conocido. Él no caminaba cuando trabajaba; él trotaba y oraba todo el día y hablaba con el Señor. Una noche, en una visión, Dios le mostró dónde se formaban pozos de agua en las praderas. Después de eso, Ed encontró agua donde fuera que cavase para buscarla.

Él también tenía grandes negocios de trigo y heno y mi trabajo incluía marcar el ganado en la primavera y conducir el tractor durante la siembra de trigo. Durante el verano, pasaba largos períodos enfardando heno, transportando los pesados fardos de heno, apilándolos en el depósito. Luego, en el otoño, conducía la cosechadora y ayudaba con la cosecha de trigo.

En el verano de 1967 oí que Oral Roberts vendría a Edmonton, Alberta, para una cruzada de sanidad. Edmonton está a unas trescientas cincuenta millas al norte de Medicine Hat, y Ed me dio permiso para faltar al trabajo y asistir a una de las reuniones.

Nunca había visto a Oral Roberts en persona y no conocía mucho de su ministerio.

Viajé durante el día. Esa noche Roberts predicó y oró por los enfermos, lo que observé con atención. Luego me dirigí hacia el estacionamiento.

En el vestíbulo, pasé al lado de una enorme mesa con libros y grabaciones y otra mesa en la que había literatura que publicitaba una universidad que acababa de abrirse en Tulsa, Oklahoma, llamada Oral Roberts University. Me detuve en la mesa de libros por un momento, luego tomé uno de los folletos de la universidad.

Mientras los alzaba, tuve una inmensa conciencia interna de que iría a ORU. Sentí el llamado de Dios de manera tan fuerte que literalmente gemí. ¡Lo último que yo quería era ir a una universidad a dos mil millas de distancia! El mayor problema sería el costo y los demás gastos. Mi salario semanal era de unos cincuenta dólares. No había forma alguna en que yo pudiera ahorrar dinero. Además, como muchos otros predicadores jóvenes, ¡sentía que estaba listo para "poner el mundo de cabeza" con la educación bíblica que ya tenía!

Durante el largo camino de regreso a casa se me caían las lágrimas por las mejillas mientras este fuerte llamado del Señor hacía eco en mi interior. Durante los siguientes tres meses luché con esto, sin contárselo a nadie más, ni siquiera a mi padre ni a mi madre. No se lo mencioné a Ed aunque trabajamos codo a codo durante esos tres meses. Sin embargo, después de esos tres meses de luchar cada noche con ese llamado y mi inseguridad sobre las finanzas, me di por vencido.

Una noche, le dije al Señor: "¡Está bien, iré a Tulsa!"

Al día siguiente Ed y yo estábamos trabajando juntos cavando hoyos para postes de cercas. Ese es un trabajo duro, agotador, e hice una pausa por un momento con un taladro en la mano y el sudor cayendo por mi frente. Ed estaba de pie en la parte trasera de una camioneta de media tonelada sacando postes de la caja del vehículo para colocarlos en los agujeros que yo había cavado.

Le dije: "Ed, tomé una decisión muy importante anoche. Creo que el Señor me llamó para que estudie en la universidad Oral Roberts, y me he decidido. Todavía no sé cómo, pero voy a ir".

Comenzaron a salir lágrimas de sus ojos de manera tan

repentina que creí que se le había caído un poste sobre el dedo del pie.

Él me dijo: "Súbete al camión. Quiero mostrarte algo".

Así que me subí de un salto, y viajamos unas millas por la pradera hasta la cima de una colina.

"¿Puedes ver ese lugar por allí?", preguntó. "Hace tres meses estaba trabajando en el campo con uno de los toros cuando de repente un ángel del Señor se paró ante mí."

"La luz era tan brillante que no me atreví a mirarlo, y caí de rodillas. El ángel me habló y me dijo: 'Terry Law va a tomar una decisión. Él va a ir a la universidad Oral Roberts en Tulsa. Cuando tome esa decisión, Dios el Padre quiere que tú cubras sus obligaciones financieras de esta educación universitaria. Tú debes pagar sus cuentas y asegurarte de que todo esté cubierto'".

Fue mi turno para que se me llenaran los ojos de lágrimas. La decisión con la que yo había luchado, que me parecía tan imposible, había sido cubierta por el Señor aún mientras me estaba llamado. Ed fue fiel a la orden del Señor y cubrió todos los gastos de mi educación universitaria.

Desde mi graduación, he visto literalmente a cientos de miles de personas que toman la decisión por Jesucristo en mis viajes misioneros alrededor del mundo. Creo que Ed Stahl tiene una gran parte en cada una de esas personas porque él fue obediente a las palabras del ángel enviado por Dios.

El dar suelta ángeles

Una de las veces más divertidas en que me encontré con ángeles fue en forma de viento. También fue la experiencia más intensa que he tenido.

Sucedió cuando mi esposo, Robert John, y yo acabábamos de comprometernos y decidimos diezmar juntos por primera vez. Aunque todavía no estábamos casados, decidimos que daríamos nuestro primer diezmo, nuestra primera dádiva, juntos. Sucedió un día completamente normal. Estábamos en la casa de su mamá, en el sótano, trabajando en la computadora. Decidimos darlo a un ministerio en internet, y era algo bastante común. Fuimos a la página web del ministerio, presionamos en "done ahora" y en ese mismo momento literalmente fue como si alguien hubiera arrojado ventiladores en la habitación. Fue como si de repente todos esos ventiladores de alto voltaje hubieran comenzado a soplar.

¡Fue un encuentro verdaderamente muy intenso con el viento del cielo!

Estos vientos surcaron toda la habitación, e instantáneamente nos sentimos llenos y renovados con el Espíritu Santo y el gozo de Dios. Hubo una sensación intensa del placer de Dios con nuestra unidad, nuestra unidad al dar y nuestra unidad al dar para el reino. Como Dios ama todo —Él ama nuestra unidad, ama dar, y definitivamente ama lo que estaba haciendo el ministerio para el cual diezmamos. A Él le agradaba el lugar al que fue nuestro primer diezmo.

Estábamos experimentando el gozo y el placer del Señor. Pero también había una sensación de que se había activado algo por ese acto de dar. Sabemos por la Palabra que los ángeles son enviados con una misión. Dios les da tareas a los ángeles, y nosotros teníamos la sensación de que los ángeles habían sido enviados en ese momento. Había una conexión con esta acción que habíamos efectuado como pareja, y ahora los ángeles estaban llevando a cabo su tarea a nuestro favor.

Y sabemos por la Biblia que hay un principio de siembra y cosecha. No estábamos sembrando solo para una cosecha, solo para un desatar, lo hacíamos porque amábamos a Dios y amábamos dar. Pero a lo que se desplegó en la siguiente semana o semanas, quiero llamarlo paranormal porque fue algo para nada normal—.

Poco después de esta experiencia fui a hablar a una conferencia, y era solo nueve días antes de que nos casáramos. Para Robert John y para mí, hasta nuestra boda era un paso de fe. Nos íbamos a casar y estábamos pagando toda nuestra boda nosotros mismos. Simplemente confiábamos en que Dios cubriría las cuentas.

Así que en esta conferencia, con total espontaneidad, uno de los conferencistas se puso en pie y anunció que yo me iba a casar en nueve días. Fue un momento divertido. Pero después una pareja que había viajado desde Irlanda se me acercó y me dijo: "Faytene, cuando ese ministro nos estaba compartiendo que ibas a casarte, nosotros sentimos que queríamos sembrar en el inicio de esta nueva etapa de tu vida para ti y para tu esposo. Si quisiéramos hacerte un cheque, ¿Para dónde lo tendríamos que hacer? ¿A nombre de quién lo tendríamos que hacer?"

Me sentí honrada y no tenía idea de lo que ellos harían, pero les di la información de mi banco, y ellos terminaron haciéndome un cheque por diez mil dólares para nuestro nuevo comienzo. Decíamos: "¡Guau! ¡Esto es fuertísimo!"

Fue una bendición de nuestro Padre celestial que quería bendecirnos en el comienzo de nuestra nueva etapa.

En retrospectiva, creo que fue algo despachado en el reino espiritual por medio de aquel acto unido de dar ese primer diezmo que hicimos como pareja. Para mí la manifestación del viento fue la confirmación de ello. Fue un fruto de la bondad del Padre derramada sobre nosotros. No solo pudimos casarnos sino que también lo hicimos con todos los gastos de la boda completamente pagos. ¡Creo que los ángeles participaron en administrar esa bendición!

—FAYTENE GRASSESCHI,
DIRECTORA PIONERA DEL MOVIMIENTO DE ORACIÓN THECRY

ALABANZA Y ADORACIÓN

El quinto principio que parece poner en acción a los ángeles es la alabanza y la adoración a Dios. Como ya mencioné en el capítulo catorce, antes de su caída, creo que Satanás dirigía a las huestes angélicas en alabanza y adoración al Padre. Él era el director del coro del cielo. La música no fue creada como una herramienta —ni siquiera para el evangelismo— a pesar de que Dios la usa de esa manera. La música originalmente fue ordenada con un propósito: adorar al Padre.

Cuando Lucifer quitó sus ojos de Dios y los enfocó en su propio brillo y belleza, algo sucedió dentro de él. Se llenó de orgullo. Comenzó a desear adoración para sí mismo en vez de dar y dirigir la adoración hacia Dios.

La principal motivación de Satanás hoy en día sigue siendo obtener adoración para sí mismo de cualquier manera. ¡Su tentación a Jesús fue diseñada para lograr que el Señor lo adorara! Como escribió el teólogo Lewis Chafer, nadie podría pensar en un acto más audaz, arrogante o engreído. Él fracasó con Jesús, quien le dijo que escrito está: Al Señor tu Dios adorarás, y a él sólo servirás.[4]

El desafío de Satanás concerniente a Job fue uno de los insultos más grandes que le ha hecho a Dios.[5] Dio a entender que Dios no podía ser amado de verdad por Sí mismo, sino solo por lo que Él hace por las personas o por lo que les da. Satanás estaba diciendo que Dios tiene que sobornar a las personas para que lo sirvan. ¡Con razón el Señor permitió que Job fuera probado! Dios sabía que se podía comprobar que lo que Satanás estaba diciendo era falso. Él conocía el corazón de Job.

Jesús les pidió lo mismo a las multitudes que lo seguían después del milagro de los panes y los peces. De hecho, Él dijo: "¿Me están siguiendo por quién Soy Yo, o por lo que puedo hacer por ustedes?" (Vea Juan 6:26-27).

La verdadera adoración viene del amor y la reverencia, no del temor, la coerción ni el deseo de estar mejor. Esto es lo que Satanás nunca entendió. Judson Cornwall escribió:

> Satanás está mucho más interesado en la adoración que en el pecado. Es mucho más probable que esté en la

Iglesia que en cualquier antro de perversidad de cualquier lugar. Este ángel caído prefiere pervertir la adoración de una persona que corromper su moral, porque sabe que si puede distorsionar nuestra adoración, nosotros corromperemos nuestra moral.[6]

Satanás es un ser muy religioso que desea y probablemente necesita alabanza y adoración. Su meta no es destruir a la humanidad tanto como lo es recibir adoración de quienes fueron creados para adorar a Dios. Él conoce el poder que genera la alabanza y la adoración en el reino espiritual. Él sabe que la alabanza y la adoración traen sanidad y avance espiritual. Si Satanás no puede trastocarlo para que dirija su atención hacia él, tratará de destruir por completo la alabanza y la adoración convirtiéndola en religión ritualística.

Hoy, Satanás está trabajando en las personas, susurrando en los oídos de quien quiera que parezca tener talento, prometiéndole popularidad y prosperidad. Muchos grupos musicales de primera calidad hoy en realidad le dan crédito a Satanás por las letras que "reciben" cuando están drogados. Algunos grupos interpretan canciones que buscan la empatía y la adoración a Satanás. Los cristianos que cantan el nombre de Satanás o cantan estribillos sobre él como parte de la guerra espiritual no se dan cuenta de que él cuenta eso como adoración, no como guerra.

La música jugó un rol increíblemente importante en la Biblia. Hay más de ochocientas referencias a la música, mientras que el infierno se menciona solo setenta veces. Las reuniones de nuestras iglesias serían más productivas en términos espirituales si aprendiéramos que la música no es el prolegómeno del mensaje, no es algo que rompe el hielo para que la gente vaya entrando en calor. El servicio de alabanza es el protocolo que Dios diseñó para que el Cuerpo de Cristo vaya a su presencia.

El protocolo es un procedimiento a ser seguido al acercarse a la realeza y a los dignatarios de la tierra, un "código de formas ceremoniales". Cuando fuimos invitados al Vaticano, un monseñor me hizo a un costado y me explicó el protocolo correcto. Me dijo: "Terry, tú eres un líder protestante. Cuando un protestante se encuentra con el Papa, no le responde como lo haría un católico romano. Quiero decirte las frases apropiadas para que te sientas cómodo. No sientas que estás comprometiendo tus creencias ni temas que puedas mostrar falta de respeto hacia un jefe de estado".

Se me enseñó un protocolo, porque dirigirse a un cardenal, como lo habíamos conocido en Polonia, y dirigirse al Papa requiere diferentes enfoques. Cuando me reuní con el Papa Juan Pablo II me sentí tan cómodo al hablarle como me había sentido cuando él era cardenal. Conocía la manera apropiada de acercarme a él.

El cargo más alto del universo es el de Dios el Padre. Si se necesita cierto protocolo para acercarse con respeto a los funcionarios terrenales, ¿cuánto más nuestro Creador? Los visitantes generalmente llevan regalos para los jefes de estado. Mi grupo y yo también le llevamos regalos al Papa: un sombrero de cowboy de Oklahoma, entre otras cosas.

El salmista David señaló que el primer paso en el protocolo para acercarse a Dios es la acción de gracias. En el Salmo 100:4, David escribió que deberíamos entrar por las puertas con acción de gracias. El siguiente paso es entrar al atrio con alabanza. Utilizando el diseño del tabernáculo, David estaba diciendo: "Entren al atrio de Dios con acción de gracias y al lugar santo con alabanza".

Acción de gracias en la Biblia es volver a decirle a Dios lo que Él ya ha hecho por la gente. Cuán a menudo los hijos de Dios vienen a Él con listas de supermercado de todo lo que necesitan y quieren que Él haga. Cuán poco frecuente es que vayamos a Él con una lista de "acción de gracias" del pasado. Sin embargo, dar gracias por las bendiciones pasadas es una de las cosas que conozco que mejor edifican la fe.

En la historia de Josafat, rey de Judá, vemos un ejemplo de protocolo para acercarse a Dios (2 Crónicas 20:1-29). El corazón de Josafat se llenó de temor cuando se enteró de que los ejércitos de tres reyes habían invadido su territorio.

El rey primero fue al Señor con acción de gracias. Le recordó su grandeza y lo que había hecho por los israelitas antes (2 Crónicas 20:5-12). Entonces básicamente le pidió a Dios que lo volviera a hacer.

Un plan que Dios le dio a Judá por medio de un joven profeta fue enviar a los levitas, los sacerdotes, delante del ejército cantando y alabando al Señor por su misericordia que es para siempre.

El grupo de cantantes que avanzaba hacia el enemigo delante de los soldados puede haber sentido miedo, pero obedeció enfrentando ese miedo. Le llevaron a Dios presentes de sacrificio de alabanza, y Dios puso "emboscadas" (2 Crónicas 20:22). El resultado fue que tres ejércitos —de Moab, Amón y el monte de Seir — se volvieron uno contra el otro y se destruyeron entre ellos.

Al leer esto un día, la palabra *emboscada* me llamó la atención. Empecé a rastrearla en la Biblia. Vi que Dios consistentemente usa ángeles para poner emboscadas. Algunas fueron para individuos como Balaam. Otras fueron *a favor* de Israel y Judá. Pero otra emboscada de Dios fue *contra* Israel y Judá cuando las naciones se apartaron de los caminos de Dios.

Quizás los ángeles cantaron junto con los sacerdotes de Josafat. Como usted habrá leído antes en el libro, ha habido reportes de personas que han visto ángeles durante la alabanza y la adoración. Otras han oído a los ángeles cantar junto con la congregación. Así que los ángeles quizás no solo nos observan cuando adoramos, sino que lo hacen junto con nosotros.

Los ángeles mejoran las finanzas

Una vez ministramos en un lugar llamado Maripasoul en la Guyana Francesa. Tomamos un hidroavión hasta adentrarnos en la selva, en un área verdaderamente primitiva donde había un inmenso árbol muy contorsionado; yo nunca había visto algo así. Parecía embrujado.

Le pregunté al pastor con el que estaba: "¿Qué es eso?" Él me dijo que era un árbol demoníaco. Era donde adoraban los nativos —adoraban al árbol y los demonios usaban ese árbol como antena.

"¡Eso es tan raro!" le dije.

Pero el pastor me dijo: "No hables en contra del árbol. Si lo haces, ellos te matarán".

Me pregunté qué debería hacer. Así que predique sobre la cruz: ¡el único árbol que puede traer salvación! Como esta gente adoraba el árbol contorsionado para que los protegiera, les diera salud, prosperidad y cualquier otra cosa, les prediqué que hay un árbol más grande: La cruz.

Mientras predicaba, vino el poder de Dios y los ángeles vinieron y cayó la gloria. Luego, en medio de la reunión, el Señor me dijo que la gente diera una ofrenda. Le cuestioné eso porque era gente muy pobre. Le dije al Señor que yo había ido para ayudarlos y que ellos no tenían nada para dar. Ni siquiera tenían calzado, nada.

Pero el Señor me dijo: "Levanta una ofrenda. Haz que den. Tú no lo entiendes; dar es adorar. Estas personas están adorando entidades demoníacas y les dan alimentos y oro y toda clase de cosas. Si tú haces que ellos den hoy, eso cambiará su adoración. Hará bajar mi gloria y a los ángeles porque la adoración abre los cielos —así como cuando Elías puso el sacrificio sobre el altar"

Así que lo hice. Levanté una ofrenda, sabiendo que un cuarto de las personas que estaban allí eran brujas y hechiceras. Y la gente dio. Y cuando empezaron a dar, hubo una liberación masiva. De repente, durante la misma ofrenda, estallaron sanidades, señales y prodigios. Fue maravilloso. Un cuarto del pueblo fue salvo en esa reunión.

Después de aquella noche, luego de levantar la ofrenda en medio de lo angélico y de la gloria, el dinero salía de todos lados en ese lugar, nos dijo el pastor. Antes de que nosotros llegáramos, ellos no tenían nada —nada de dinero, nada. Ahora habían explotado financieramente. Personas de todos lados simplemente se sienten empujadas a bendecirlos y ayudarlos.

—DAVID HERZOG, AUTOR Y FUNDADOR, JUNTO CON SU ESPOSA, STEPHANIE, DE DAVID HERZOG MINISTRIES

Capítulo 18

CINCO COSAS QUE IMPIDEN LA ACTIVIDAD ANGÉLICA

Por Perry Stone

SABEMOS POR EFESIOS 4:30 que es posible contristar al Espíritu Santo. Así como es posible contristar al Espíritu Santo, también es posible contristar al Padre. Dios estaba dolido por las andanzas y la desobediencia del pueblo de Israel mientras viajaban hacia la Tierra Prometida.

En el Salmo 95 se nos advierte:

> No endurezcáis vuestro corazón, como en Meriba,
> Como en el día de Masah en el desierto,
> Donde me tentaron vuestros padres,
> Me probaron, y vieron mis obras.
> Cuarenta años estuve disgustado con la nación,
> Y dije: Pueblo es que divaga de corazón,
> Y no han conocido mis caminos.
> Por tanto, juré en mi furor
> Que no entrarían en mi reposo
>
> —SALMO 95:8–11

También es posible contristar el corazón de Jesús. Varias veces en el Nuevo Testamento Él reprende a los discípulos por su incredulidad. Incluso llora en la tumba de Lázaro, no porque Lázaro hubiera muerto, porque Él sabía que lo iba a levantar de entre los muertos. Lloró por la incredulidad de las personas que estaban a su alrededor. (Vea Juan 11).

Vayamos un paso más allá. Si podemos contristar al Espíritu Santo, al Padre y a Jesucristo, también es posible ofender o herir al ángel del Señor. En este capítulo, no solo vamos a descubrir si es posible hacer esto, sino que también aprenderemos sobre cinco cosas que contristan al ángel del Señor.

Los mensajeros angélicos son mensajeros especiales de Dios —enviados por Dios mismo. Aprendimos antes que los ángeles generalmente son llamados *espíritus ministradores* (Salmo 104:4). Ellos avanzan de acuerdo con los propósitos de Dios para completar una obra, tarea o misión específica del Señor.

¿QUÉ SUCEDE CUANDO USTED OFENDE A SU ÁNGEL?

Antes de que hablemos de las cinco cosas que pueden ofender a un ángel, veamos lo que sucede cuando un ángel es ofendido. En la Biblia Hay una historia que nos da una visión gráfica de esto. En 1 Crónicas 21:1 se nos dice: "Pero Satanás se levantó contra Israel, e incitó a David a que hiciese censo de Israel". David envió a su capitán, Joab, por toda la tierra para que averiguara cuánto pueblo tenía.

En Éxodo 30:11-12 vemos que Dios le había dado a Moisés instrucciones claras de que cuando se hiciera un censo en Israel, cada uno debería pagar medio siclo de plata al Señor como rescate por su alma, o como precio por su redención. David censó al pueblo, pero no pagó el medio siclo. La desobediencia de David enojó a Dios, así que Él le envió una plaga, y setenta mil hombres murieron como resultado de ella (1 Crónicas 21:14).

Dios envió a un ángel a destruir Jerusalén, la ciudad de David, que está situada sobre lo que hoy conocemos como el Monte Moriah. Cuando el rey David vio la destrucción que Dios estaba trayendo a Jerusalén, se dio cuenta de que Dios estaba enviando juicio por su pecado. Al alzar sus ojos desde donde estaba parado, sobre la ladera del monte Moriah, él "vio al ángel de Jehová, que estaba entre el cielo y la tierra, con una espada desnuda en su mano, extendida contra Jerusalén" (1 Crónicas 21:16). Inmediatamente, David y todos los ancianos se cubrieron de cilicio y se postraron en arrepentimiento. El Señor "miró y se arrepintió de aquel mal, y dijo al ángel que destruía: 'Basta ya; detén tu mano'" (v. 15).

David corrió hasta la cima del monte y compró la era de Ornán el jebuseo para edificar allí un altar al Señor. Descubrimos que

Ornán también había visto al ángel del Señor, y con gran temor le ofreció a David su tierra y todo lo que tenía. Pero David no la tomó sin pagar su precio justo.

Fue allí donde David "edificó un altar a Jehová, en el que ofreció holocaustos y ofrendas de paz, e invocó a Jehová, quien le respondió por fuego desde los cielos en el altar del holocausto" (v. 26).

Este es un ejemplo de un hombre que elige desobedecer deliberadamente a Dios y un ángel que se enoja. Esa misma montaña es el lugar donde Abraham también edificó un altar e intencionalmente ofreció en sacrificio a su hijo, Isaac, en obediencia a Dios. Y, por supuesto, el monte Moriah es el lugar donde Jesús, el Hijo del Dios vivo, fue crucificado y pagó el precio por nuestra redención.

EL ÁNGEL DEL SEÑOR COMO EL JESÚS PREENCARNADO

Hay un versículo muy importante sobre un ángel en Éxodo 23:

> He aquí yo envío mi Ángel delante de ti para que te guarde en el camino, y te introduzca en el lugar que yo he preparado. Guárdate delante de él, y oye su voz; no le seas rebelde; porque él no perdonará vuestra rebelión, porque mi nombre está en él. Pero si en verdad oyeres su voz e hicieres todo lo que yo te dijere, seré enemigo de tus enemigos, y afligiré a los que te afligieren. Porque mi Ángel irá delante de ti, y te llevará a la tierra del amorreo, del heteo, del ferezeo, del cananeo, del heveo y del jebuseo, a los cuales yo haré destruir.
>
> —Éxodo 23:20-23

Este es el escenario: El pueblo de Israel estaba saliendo del cautiverio en Egipto y necesitaban saber la dirección que tomarían en el desierto. No había mapas de ruta, señales ni sistemas de navegación GPS para guiarlos. Dios les había dicho que no los llevaría por la tierra de los filisteos por el mar: "Y luego que Faraón dejó ir al pueblo, Dios no los llevó por el camino de la tierra de los filisteos, que estaba cerca; porque dijo Dios: Para que no se arrepienta el pueblo cuando vea la guerra, y se vuelva a Egipto. Mas hizo

Dios que el pueblo rodease por el camino del desierto del Mar Rojo" (Éxodo 13:17-18). En lugar de ello, Dios dijo que Él guiaría al pueblo por el desierto.

Solía sentirme frustrado con los israelitas que se quejaban y discutían tanto durante los años que pasaron deambulando por el desierto. Pero con el transcurrir de los años, he viajado en muchos autobuses turísticos por ese mismo desierto, y créame, ahora lo entiendo. El calor que sale de las rocas y la arena es intolerable; realmente es "tierra de nadie".

Pero Dios ya había determinado una manera de sacarlos y de guiarlos. Él enviaría un ángel delante de ellos para mantenerlos en el camino correcto y llevarlos a la tierra que les había prometido.

Es importante notar que en Éxodo 23:20 (LBLA) Dios dice que estaba enviando a "un Ángel" para guiarlos. Unos versículos más adelante, Dios cambia para decir: "Mi Ángel" (v. 23, LBLA). Dios dio una clave muy inusual cuando dijo: "En él está mi nombre" (v. 21). Dios tenía muchos nombres, *incluyendo El Shaddai, El-Elyon, Adonai* y *El*, que en el Antiguo Testamento de Dios es el nombre raíz para *Dios* (Deuteronomio 5:9). Los dos ángeles más reconocidos en la Biblia son Gabriel y Miguel: ambos nombres contienen *el*, ¡el nombre de Dios! En Éxodo 6:3, Dios se reveló como *Yahvé*, que aparece en hebreo con cuatro letras —YHVH— que es llamado el *tetragrámaton*. Todavía hoy muchos judíos ni siquiera intentarán pronunciar ese nombre porque consideran que es demasiado sagrado como para decirlo en voz alta. Cuando lo escriben, a menudo dejan el lugar de la palabra en blanco o escriben el nombre como "D-s". Este es un ángel especial, no un príncipe guerrero normal ni un ángel guerrero. A los israelitas se les había dicho: "Guárdate delante de él, y oye su voz; no le seas rebelde; porque él no perdonará vuestra rebelión" (Éxodo 23:21). Este ángel tenía que ser algo más que un ángel común. Pero no era Dios, porque solo Dios puede perdonar los pecados, y este ángel no podía.

Muchos teólogos creen que este ángel era el Jesús preencarnado. Preencarnado simplemente significa previo a su encarnación o nacimiento. Hay varios otros lugares en el Antiguo Testamento donde Jesús es visto en su estado preencarnado como el ángel del Señor.

- Luego que Agar quedó embarazada de Ismael y fue echada del campamento de Abraham, vemos que: "La halló el ángel de Jehová junto a una fuente de agua en el desierto, junto a la fuente que está en el camino de Shur" (Génesis 16:7).

- Más tarde, cuando Abraham echó a Agar y a Ismael por la insistencia de Sarah, Agar se fue cerca, al desierto, y cayó al suelo, llorando por su situación. Entonces vemos que "el ángel de Dios llamó a Agar desde el cielo" y la ministró, le hizo una promesa, que Dios haría de Ismael una gran nación (Génesis 21:17-19).

- El ángel del Señor luchó con Jacob (Génesis 32:24-30).

- El ángel del Señor le habló a Moisés en la zarza ardiente (Éxodo 3:1-14).

- El ángel del Señor se puso en el camino de Balaam e hizo hablar a su asna (Números 22:22-38).

- Él ángel del Señor, como capitán de las huestes del Señor, le dio la orden a Josué de que destruyera Jericó (Josué 5:13-6:5).

- El ángel del Señor llamó a Gedeón para que dirigiera a los israelitas contra los madianitas (Jueces 6:11-24).

- El ángel del Señor fue el cuarto hombre que estuvo en el fuego con Sadrac, Mesac y Abed-nego (Daniel 3:28).

¿Fue Cristo mismo el que bajó como el ángel del Señor? Creo que es más que probable. Generalmente cuando el arcángel Miguel o Gabriel, el mensajero de Dios aparecen en la Biblia, son nombrados (vea Daniel 10:13; Lucas 1:19, 26; Judas 9; Apocalipsis 12:7). Este ángel que recibió la directiva de conducir a los israelitas hasta la Tierra Prometida nunca en mencionado por nombre. Su nombre es secreto. Creo que fue Jesucristo en forma preencarnada como el ángel del Señor que ministró a estos personajes del Antiguo Testamento de la Biblia. El "Ángel del Señor" nunca aparece en el Nuevo Testamento después del nacimiento de Cristo.

"NO LE SEAS REBELDE"

Al pueblo de Israel se le había dicho que no provocara al ángel del Señor. Si lo hicieran, estarían en serios problemas. *Provocar* significa entristecer o sacar de quicio a una persona. Esto es exactamente lo que hicieron los israelitas con su incredulidad, sus pleitos y sus quejas. Como resultado de ello, tuvieron graves problemas, rápidamente.

Se quejaban por su larga caminata a través del desierto:

> Aconteció que el pueblo se quejó a oídos de Jehová; y lo oyó Jehová, y ardió su ira, y se encendió en ellos fuego de Jehová, y consumió uno de los extremos del campamento. Entonces el pueblo clamó a Moisés, y Moisés oró a Jehová, y el fuego se extinguió. Y llamó a aquel lugar Tabera, porque el fuego de Jehová se encendió en ellos.
>
> —NÚMEROS 11:1–3

Se quejaban por la esposa etíope de Moisés:

> María y Aarón hablaron contra Moisés a causa de la mujer cusita que había tomado; porque él había tomado mujer cusita Entonces la ira de Jehová se encendió contra ellos; y se fue. Y la nube se apartó del tabernáculo, y he aquí que María estaba leprosa como la nieve.
>
> —NÚMEROS 12:1, 9–10

Se quejaban por los gigantes de la tierra:

> También vimos allí gigantes, hijos de Anac, raza de los gigantes, y éramos nosotros, a nuestro parecer, como langostas; y así les parecíamos a ellos.
>
> —NÚMEROS 13:33

Si esa es la clase de queja que entristecía a Dios en el Antiguo Testamento, le garantizo que la Iglesia del Nuevo Testamento de hoy también lo entristecerá. Esa es una de las cosas de las que debemos tener cuidado.

Cuarenta años después de dejar Egipto, el ángel del Señor los había llevado a la orilla de la Tierra Prometida. Cuando Josué se detuvo en el límite de la Tierra Prometida, "un varón que estaba delante de él, el cual tenía una espada desenvainada en su mano" (Josué 5:13). Josué, yendo hacia él le dijo: "¿Eres de los nuestros, o de nuestros enemigos?"

El hombre le respondió: "Como Príncipe del ejército de Jehová he venido ahora" (v. 14). La palabra hebrea usada para "ejército" indica una inmensa cantidad de gente organizada para la guerra: un ejército. Uno de los nombres de Dios, usado en Romanos 9:29, es "El Señor de los ejércitos". Es la misma palabra que *hueste*. Creo que el capitán del ejército del Señor que estaba frente a Josué no era otro que el Señor que había conducido a Moisés y al pueblo de Israel por el desierto durante cuarenta años. Ahora la nube ya no estaba, y el ángel del Señor, el Cristo preencarnado, estaba preparado para guiar a Josué y a su pueblo al entrar a la Tierra Prometida.

Cinco cosas que ofenden a los ángeles del Señor

El pueblo de Israel provocó a ira al ángel del Señor, o lo ofendieron por sus acciones una y otra vez durante la travesía hacia la Tierra Prometida. Como resultado de ello, vagaron por el desierto durante cuarenta largos años de manera innecesaria. Aún después de tomar posesión de la tierra, seguían ofendiendo a Dios con sus acciones, y como resultado de ello, fueron acosados, derrotados y tomados cautivos por sus enemigos repetidamente.

Es importante conocer lo que ofende a los ángeles que Dios ha asignado para que protejan nuestras vidas y nos dirijan en el camino del Señor. Hay cinco cosas que podemos descubrir que ofenden a los ángeles que vigilan sobre nosotros:

1. Las palabras negativas o el hablar mal ofenden a los ángeles

Sus palabras negativas o su mal hablar pueden ofender a su ángel. Salmo 103:20 dice:

Bendecid a Jehová, vosotros sus ángeles,
Poderosos en fortaleza, que ejecutáis su palabra,
Obedeciendo a la voz de su precepto.

Los ángeles del Señor están comisionados para escuchar y ser obedientes a la voz de su Palabra. La Palabra de Dios moviliza a los ángeles y los pone en acción. Primera de Pedro 1:12 nos dice que los ángeles anhelan mirar la verdad del evangelio y lo que significa. Ellos ansían conocimiento sobre la prédica del evangelio y desean un entendimiento de la Palabra de Dios sobre la sangre de Jesús y su poder de redimir a la humanidad.

Aprendemos en Hebreos 2:2 que "la palabra dicha por medio de los ángeles fue firme". La Palabra de Dios nos dice que la ley de Dios fue dada en el monte Sinaí con diez millares de ángeles presentes (Deuteronomio 33:2). La Palabra de Dios mueve a los ángeles y los pone en acción. Creo que de la misma manera, la desobediencia del hombre a la Palabra de Dios ofende a los ángeles y los lleva a retener su protección.

En el tiempo en que Israel fue liberado de la cautividad de Egipto, faraón fue juzgado por cómo trató al pueblo de Israel. Se volvió en contra de la palabra que Dios le había dado por medio de Moisés y como resultado de ello, se soltaron plagas contra Egipto.

Cuando el pueblo hebreo habló contra Dios en el desierto, las dificultades comenzaron a levantarse contra ellos, incluyendo plagas y enfermedad. (Vea el recuadro para encontrar ejemplos).

Plagas enviadas por las quejas de los israelitas

- Ellos comenzaron a usar mal su lengua, y el fuego cayó sobre el campamento y los destruyó (Números 11:1).
- Cuando el pueblo empezó a desear las ricas comidas que habían comido en Egipto y se quejaron y lloraron por comer

carne, el Señor mandó codornices. Pero como juicio por la desobediencia y el mal uso de sus lenguas, la enfermedad inmediatamente cayó sobre ellos por haber comido las codornices (Números 11:4-35).

- Cuando Miriam y Aarón usaron mal sus lenguas y se quejaron por la mujer etíope con que Moisés se había casado, la ira del Señor se encendió contra ellos, y una plaga de lepra cayó sobre Miriam (Números 12:1-16).

- Cuando los diez espías regresaron con sus reportes de los "gigantes en la tierra" que eran demasiado poderosos como para ser vencidos, el pueblo empezó a quejarse contra Moisés y contra el Señor por haberlos llevado a una tierra llena de enemigos, y quería elegir otro líder. Sin embargo, Caleb y Josué reportaron que ellos eran muy capaces de derrotarlos y les suplicaron que dejaran de quejarse y confiaran en la guía de Dios. El pueblo, en lugar de ello, quería apedrear a Caleb y a Josué. Como resultado, Dios le dijo a Moisés que toda esa generación que se había quejado moriría sin que se le permitiera jamás entrar a la Tierra Prometida (Números 13:31-33; 14:1-35).

- Cuando Coré y su compañía de hombres desafiaron la autoridad y el liderazgo de Moisés y Aarón, y trataron de asumir el liderazgo espiritual de los hijos de Israel, Dios se enojó y causó un terremoto que abrió el suelo bajo las tiendas de Coré y todos sus seguidores y fueron destruidos en el hoyo (Números 16:1-40).

- El día que Dios destruyó a Coré y a su compañía, el pueblo de Israel se volvió a quejar contra Moisés, diciendo que él había dado muerte al pueblo del Señor. Enojado, Dios causó una plaga para comenzar a matar inmediatamente a los israelitas. Moisés y Aarón empezaron rápidamente a interceder por el pueblo y a agitar una ofrenda de incienso por el pueblo de Dios, y en respuesta Dios detuvo la plaga, pero 14 700 personas murieron como resultado del juicio de Dios (Números 16:41-50).

- Después de una gran victoria sobre los cananitas, el pueblo empezó una travesía a través de Edom y de nuevo se quejó ante Moisés y Dios por tener que viajar con el calor del desierto sin sus comidas favoritas. Como resultado de ello, Dios envió serpientes para que mordieran a las personas. En respuesta, Dios llevó a Moisés a erigir una serpiente de bronce que protegería al pueblo si la miraban (Números 21:5-9).

- Cuando el pueblo de Israel comenzó a cometer adulterio con las mujeres de Moab y empezó a adorar a sus dioses, Dios volvió a enviar una plaga para destruir a veinticuatro mil israelitas (Números 25:1-9).

El pueblo de Israel atrajo la ira de Dios ocho veces a causa de su murmuración, queja y desobediencia. ¡Qué poderosa ilustración de la verdad que el poder de la vida y la muerte están en la lengua! (Proverbios 18:21).

Recuerde que cuando el pueblo de Israel comenzó su travesía hacia la Tierra Prometida, el Señor dijo que un ángel iría delante de ellos. Dios advirtió al pueblo que no ofendiera a este ángel del Señor porque si lo hacía, el ángel impediría que ellos heredaran la tierra. (Vea Éxodo 23:20-21 y Jueces 2:1-4). Por un momento, piense en cuánta gente del pueblo de Dios cae hoy en la trampa de quejarse de un ministro, un predicador u otros cristianos, y como resultado de ello las bendiciones de Dios son retenidas en sus vidas o en su iglesia.

Permítame darle un ejemplo del ministerio de mi padre. Él pastoreaba una iglesia en Bailey's Crossroads, Virginia, que pasó de tener diez miembros a más de ciento veinticinco. En los primeros días de su ministerio allí, papá tuvo que tomar otro trabajo de medio tiempo, y mamá también tuvo que trabajar porque la iglesia no los podía mantener apropiadamente. Durante ese tiempo, hubo un hombre que servía como asesor del pastor.

Llegó el momento en que la iglesia pudo darle un salario a papá. Cuando eso sucedió, este asesor empezó a quejarse sobre la necesidad de pagarle un salario a mi papá. Un día mientras este hombre estaba en su casa, parado cerca de una ventana abierta, de repente dos manos lo golpearon entre los hombros y lo noquearon. Su cabeza golpeó contra el radiador y le rompió los dientes de adelante.

Como no había nadie más en la casa, excepto por este hombre y su esposa, ¡al principio él pensó que había sido su esposa! Tuvo que ir al hospital y le hicieron unos puntos de sutura. Estaba muy atemorizado porque se dio cuenta de que manos físicas lo habían golpeado.

Permítame ayudarlo a que entienda lo que creo que le sucedió a este hombre dándole un ejemplo de la Palabra de Dios. En Lucas 16:19-31 tenemos la historia del hombre rico en el infierno que le rogaba a Abraham que permitiera que Lázaro "moje la punta de su dedo en agua, y refresque mi lengua; porque estoy atormentado en esta llama" (v. 24). Siempre he querido saber por qué decía que su lengua lo atormentaba. Bueno, si usted va a esa historia, verá que antes de que ese rico fuera al infierno, el pobre estaba echado a la puerta de aquel ansiando saciarse de las migajas que caían de la mesa del rico. Precisamente lo que representaba lo que él usaba para negar la ayuda a ese pobre hombre —la boca con la que comía— fue lo que Dios juzgó para que lo queme por la eternidad. Él podría haberla utilizado para ayudar a otro, pero no lo hizo. Quizás si se hubiese negado a darle dinero al hombre pobre, la parte posterior de su cadera se hubiera quemado por su codicia.

En otro ejemplo del ministerio de mi padre, una mujer de su iglesia creó contienda durante una reunión de negocios. Mientras mi padre estaba hablando, esta mujer se puso en pie y empezó a gritar: "¡Sal de él, demonio!"

Al principio mi papá pensó que era el sistema de radio de banda ciudadana y al volverse vio a esta mujer de pie. Le preguntó "¿A quién le está hablando, mujer?"

Ella le dijo: "Le hablo a usted"

"¿A quién llama demonio?", le preguntó él.

Ella le respondió: "A usted lo llamo demonio".

La mano izquierda de mi padre empezó a temblar bajo el poder de Dios. Comenzó a orar en lenguas y a reprender el espíritu del enemigo. Como consecuencia de eso, esta mujer se fue de la iglesia.

Al día siguiente esa mujer ya no podía hablar. Quedó así, sin poder hablar, por casi un año. Fue al doctor, y este le dijo: "No hay ninguna explicación para esto. No podemos encontrar nada malo en sus cuerdas vocales. Usted simplemente quedó totalmente muda". Le dijo que le costaría miles de dólares viajar hasta Nueva Orleáns para ver un especialista y tratar de averiguar qué había pasado con su voz. Ella siguió así por varios meses.

Entonces un día el Señor le habló a mi papá y le dijo: "Ahora, Fred, esta mujer es orgullosa y no va a arrepentirse por lo que te dijo. Pero sus hijos la necesitan. La voy a sanar si estás dispuesto a ponerte en la brecha y decirle que la sueltas y la perdonas".

Poco después de esto, mientras yo estaba en un avivamiento allí, la mujer asistió al servicio. Cuando mi papá la vio allí, le pidió que pasara al frente. También llamó a mi mamá al frente. En voz baja, le dijo que como ella era orgullosa y no se arrepentía, todavía no había sido sanada. Pero Dios le había dicho a él que si mi papá y mi mamá la perdonaban y se paraban en la brecha por ella, Dios la sanaría. Mi padre y mi madre le aseguraron que la habían perdonado.

A las seis en punto de la mañana siguiente, la mujer estaba totalmente sana. Sin embargo, nunca se arrepintió, si usted puede creerlo. Su casa se incendió dos veces. Ella y su esposo tenían problemas de pareja. Hace poco mi papá se enteró de que ella había muerto en un horrible accidente automovilístico. Creo que esa mujer no hubiera sufrido en la forma en que lo hizo si no hubiera ofendido al Espíritu Santo al ofender a mi padre.

Como mi papa la perdonó y la soltó en el mundo espiritual, ella fue sana. Él entiende el mundo espiritual y no anda con amargura o falta de perdón. Pero ella también había ofendido al Espíritu Santo. Y como usted no debe ofender al Espíritu Santo, Dios permitió que un juicio muy veloz viniera sobre ella.

2. La falta de fe ofende a los ángeles.

Permítame darle otro ejemplo de la Palabra de Dios sobre cómo el ángel del Señor puede traer juicio sobre usted. En Lucas 1:8-20, el sacerdote Zacarías estaba a punto de orar en el altar del incienso. Cuando él entró al Lugar Santo delante del altar, vio a un ángel de pie a la derecha del altar (vea Lucas 1:5-23). La tradición dice que si el sacerdote ve a un ángel del Señor a la derecha del altar, significaba que Dios había bajado. Era un momento muy serio, y el sacerdote podía caer muerto ante la presencia de Dios. Zacarías estaba lleno de temor. A nadie más se le permitía entrar, así que él sabía que no era otro sacerdote.

El ángel le dijo: "Tu mujer Elisabet te dará a luz un hijo, y llamarás su nombre Juan E irá delante de él con el espíritu y el poder de Elías" (vea Lucas 1:13-17).

Ahora, esta es información muy detallada. Zacarías debería haber alabado a Dios y haber dicho: "Gracias por venir. Hemos estado orando por una familia". ¿Pero dijo eso? No, él dijo: "¿En qué conoceré esto? Porque yo soy viejo, y mi mujer es de edad avanzada". (Vea el versículo 18).

El ángel del Señor se había ofendido, y le dijo: "Y ahora quedarás mudo y no podrás hablar, hasta el día en que esto se haga, por cuanto no creíste mis palabras, las cuales se cumplirán a su tiempo" (v. 20). La falta de fe puede ofender a un ángel de Dios.

¡Cuán diferente en la historia de María en Lucas 1:26-38! Un ángel se apareció a María y le dijo: "María, no temas, porque has hallado gracia delante de Dios. Y ahora, concebirás en tu vientre, y darás a luz un hijo, y llamarás su nombre Jesús. Este será grande, y será llamado Hijo del Altísimo" (vv. 31-32). Una vez más, el ángel aparece para decirle a María que tendrá un hijo llamado

Jesús, y le cuenta su destino y su propósito. Ahora, si alguien podría haber dudado, esa era María. Ella era una jovencita, probablemente de unos catorce o quince años, y todavía no estaba casada. Ella sí podría haber dicho: "Mire, quizás usted se confundió de casa. Yo ni siquiera estoy casada".

En lugar de ello, ella le dijo al ángel: "Hágase conmigo conforme a tu palabra", (v. 38). Eso es fe. Ella fue honrada como mujer de gran fe porque creyó lo que el ángel le dijo.

Está claro que la falta de fe puede ofender al ángel de Dios. Esa es toda la historia del pueblo de Israel. Si lee Éxodo y Números, verá que la nación de Israel ofendió al ángel del Señor una y otra vez. Zacarías, un sacerdote de Dios, debería haber creído las palabras del ángel y no haber dudado. Sin embargo, dudó. Pero María, una joven virgen, escuchó un mensaje que parecía imposible, pero lo creyó.

Dios no honra la falta de fe. Porque si Dios honrara la falta de fe sería totalmente contrario a la ley de la fe, ya que la Biblia dice: "Sin fe es imposible agradar a Dios" (Hebreos 11:6). La Biblia dice que la incredulidad del pueblo de Nazaret impidió que Jesús hiciera muchos milagros en esa ciudad —su ciudad natal (Mateo 13:58). En Mateo 17:20, los discípulos no pudieron echar fuera demonios de un niño pequeño, y Jesús les dio una sola razón: su incredulidad. Él dijo: "Este género no sale sino con oración y ayuno" (v. 21). Eso podría referirse a esa clase de espíritu maligno o a esa clase de incredulidad: la única manera de liberarse de su incredulidad es con ayuno y oración. Dios no honra la incredulidad. La falta de fe literalmente detiene las bendiciones de Dios.

La incredulidad puede ofender al ángel de Dios. La falta de fe puede entorpecer la sanidad; la incredulidad puede detener las bendiciones de Dios en general. Debemos tener cuidado de lo que decimos y cómo lo decimos.

3. El pecado puede ofender a su ángel.

En Juan 5:1-15 encontramos la historia de un paralítico que había estado postrado cerca del estanque de Betesda durante treinta y ocho años, esperando ser el primero en llegar al agua cuando el ángel viniera y agitara las aguas. Cuando Jesús lo vio acostado allí, inmediatamente le dijo: "Levántate, toma tu lecho, y anda" (v. 8). El hombre fue sanado inmediatamente. Jesús luego le dijo: "Mira, has sido sanado; no peques más, para que no te venga alguna cosa peor" (v. 14). Una persona puede ser perdonada y liberada de un pecado, pero si regresa al pecado, abrirá la puerta para que ese pecado en particular vuelva a ella.

Cuando hablamos de pecado, pensamos en adulterio, fornicación, mentiras, asesinato, robo y cosas como esas. Pero recuerde que ofender con sus palabras —quejas, críticas y hablar cosas negativas del Espíritu de Dios— también es pecado, y usted será juzgado de acuerdo con ello.

Una vez yo estaba predicando en un avivamiento que se continuó por tres semanas. Una noche un hombre se me acercó, lo había visto en las reuniones noche tras noche. Él siempre citaba una escritura cuando hablaba conmigo, y yo pensé que era un hombre de fe. Él me dijo también: "Predicador, quiero que usted ore por mí. Me estoy quedando sordo en ambos oídos".

Le pregunté: "¿Por qué se está volviendo sordo?" ¿Sabe por qué?"

"No", respondió, "No saben decirme por qué me estoy quedando sordo. Pero quiero un milagro". Y empezó a citarme escrituras sobre sanidad.

Así que puse mis dedos en sus oídos y empecé a orar. Cuando comencé, el Espíritu Santo me dijo: "Quita tus dedos de sus oídos. Él me ha ofendido". Pensé: "¿Qué pasa aquí? ¿Por qué me detuvo el Señor?" Pensé: "Permíteme volver a intentarlo" y probé a los espíritus para ver qué estaba sucediendo.

El Señor habló de nuevo a mi espíritu. "Este hombre se ha quejado de la música en esta iglesia y de los coros que cantan, y me ha ofendido. Como no le gusta la música, voy a dejar que se quede sordo así no escuchará más y no se quejará". Le dije al hombre lo que el Señor me había dicho.

Él protestó y trató de decir: "No sé nada de lo que está diciendo".

Le respondí: "No le mienta al Espíritu Santo. Usted ha hablado mal de la música de esta iglesia". Esto lo volvió loco, regresó a su asiento, se sentó y se cruzó de brazos.

Después de la reunión, le conté al pastor lo que había pasado. Él me dijo, "¿Qué dijiste? ¿Eso le dijiste al hombre?"

"Sí, lo hice", respondí. "Le dije al hombre lo que el Espíritu Santo de Dios me había dicho".

El pastor dijo: "Pero yo no te había contado nada de ese hombre".

Le dije: "No, no lo hizo. ¿Pero hice lo correcto? Si no hice lo correcto, me voy a disculpar con el hombre".

El pastor me contó: "Cuando traje a mi nuevo director musical, ese hombre se sentaba en la primera fila con algodón en los oídos. El algodón le colgaba hasta el cuello. Y se paraba, de frente a la iglesia, y les mostraba que no le gustaba la música".

Le respondí: "Permítame decirle algo, pastor. El Señor me habló y me dijo que él había ofendido a la iglesia y al pastor, y que como consecuencia de ello no sería sanado".

Aquí hay algo bueno que usted puede aprender de esta historia. El Señor le da una oportunidad para arrepentirse y confesar su pecado. Pero ese hombre nunca regresó a pedir perdón. Nunca reconoció su orgullo espiritual y no creyó que el Espíritu Santo pudiera obrar en su vida.

Una vez, cuando estaba predicando en un avivamiento, mi hermano y su esposa me contaron la historia de un hombre de su iglesia. Yo estaba enseñando sobre adoración. Uno de los versículos de la Biblia que usé hablaba sobre danzar ante el Señor. Expliqué lo que eso significaba. Había en la iglesia un hombre que amaba al Señor pero no creía en danzar ante Él. Como mucha otra gente, él era un buen hombre que hacía todo bien en muchas áreas pero que todavía no entendía esto —y le estaba costando caro.

Este anciano decía: "No creo todo eso. Cuando la gente se levanta y salta, eso es del diablo. Dios no hace cosas como esa".

Inmediatamente después de esa afirmación, él empezó a tener dolores en sus pies y debajo de sus tobillos. Finalmente, tuvieron que amputarle los dedos de los pies y parte del pie. Llegó un punto en que no pudo caminar más, no se podía parar y gritaba al tratar de hacerlo, por la condición de sus pies.

No es que Dios esté allí tratando de juzgar a todo el mundo e imponerles enfermedades y juicio. Podemos regresar al pueblo de Israel para entender este principio. Cuando los israelitas ofendieron al ángel de Dios, Él derribó el cerco de protección que los rodeaba y ellos empezaron a ser atacados por sus enemigos. Cuando ofendemos al ángel del Señor, sucede lo mismo. Cuando ofendemos al Espíritu Santo o al ángel de Dios, Él no puede defendernos ni traernos sanidad como en la historia del paralítico del estanque de Betesda. Él no puede entrar e intervenir en nuestra situación. Nosotros podemos atar la presencia de Dios, atar la protección del ángel de Dios por las cosas que decimos o hacemos.

El pecado ofende al ángel de Dios.

4. No darle la gloria a Dios puede ofender al ángel del Señor.

Esta historia se cuenta en Hechos 12:1-2, 20-25, sobre el rey Herodes, que mató a Jacobo, un maravilloso apóstol de Cristo. Cuando él vio que esto había agradado a los judíos, procedió también a prender a Pedro y planeó matarlo. Sin embargo, debido a la protección de su propio ángel, Pedro escapó de prisión.

Poco después de esto, el rey Herodes apareció ante todo el pueblo, vestido en ropas reales, y sentado en su trono. Josefo describe a Herodes como vestido con un atuendo cubierto con plata desde el cuello para abajo. Cuando el sol daba sobre su traje plateado, éste resplandecía, y el pueblo empezó a gritar, diciendo: "¡Voz de Dios, y no de hombre!" (v. 22). Herodes no hizo nada para detener los gritos de la gente, y la Biblia dice: "Al momento un ángel del Señor le hirió, por cuanto no dio la gloria a Dios; y expiró comido de gusanos" (v. 23).

Entienda lo que esto está diciendo: Herodes no fue muerto porque mató a Jacobo o porque arrestó a Pedro. Fue derribado por el Señor porque "no le dio la gloria a Dios". En *Antigüedades de los judíos*, libro 19, capítulo 8, sección 2, Josefo se explaya sobre esta historia al dar más detalles sobre lo que le ocurrió a Herodes, al decir que cayó la tristeza más profunda, un agudo dolor surgió de sus entrañas, y murió después de varios días.

Un ángel del Señor golpeó a Herodes. Creo que el ángel que liberó a Pedro de la prisión seguramente era el mismo ángel que llevó el juicio a Herodes.

No darle la gloria a Dios puede ser una ofensa para el ángel de Dios.

5. La desobediencia a la Palabra puede ofender a su ángel

En Números 22 encontramos la historia de Balaam. Él era un vidente y un gran profeta que tenía un gran poder. Podía profetizar cosas que iban a suceder. En este capítulo, los mensajeros de Moab se acercaron a Balaam, y le dijeron: "Mira, te pagaremos la cantidad de dinero que quieras para que te pongas en pie sobre la montaña y maldigas a esa gente". Dos veces reprendió Dios a Balaam para que no fuera con esos hombres e hiciera lo que le pedían. La tercera vez que se lo pidieron, Balaam fue con ellos. Mientras iba montado en su asna, el ángel apareció frente al animal. El Señor abrió los ojos del asna para que viera al ángel, y por temor el asna se hizo a un lado, y al hacerlo, aplastó el pie de Balaam contra el muro. De rabia, Balaam empezó a golpear al asna.

El ángel empezó a hablar a Balaam por medio de la boca del asna —casi como lo haría un ventrílocuo por medio de su muñeco. Ahora, si un asna empezara a hablarme y a reprenderme, yo saltaría del animal, me iría a mi casa, llamaría al circo de Barnum y Bailey y les diría: "Miren, tengo un asna. ¡Me refiero a que ella habla!" ¿Quién se pondría a discutir con un asna? Pero Balaam se bajó del asna y empezó a discutir con ella.

Finalmente, el ángel del Señor escuchó y reprendió severamente a Balaam, diciéndole: "¿Por qué has azotado tu asna estas tres veces? He aquí yo he salido para resistirte, porque tu camino es perverso delante de mí. El asna me ha visto, y se ha apartado luego de delante de mí estas tres veces; y si de mí no se hubiera apartado, yo también ahora te mataría a ti, y a ella dejaría viva" (vv. 32.33).

El ángel del Señor se puso en pie delante del asna y opuso resistencia a Balaam, resistió las profecías de Balaam, porque tenía una intención perversa. Había algo en él que no estaba bien.

CUALQUIERA PUEDE OFENDER A UN ÁNGEL

Permítame aclarar este punto: Las personas buenas que aman al Señor también pueden ofender a sus ángeles en alguna de las cinco manera que he enumerado.

Moisés fue el hombre más manso de la tierra. Moisés está en

la lista de los hombres judíos más grandes que haya vivido jamás, junto con Elías. Sin embargo, Moisés ofendió al ángel del Señor aún después de que Dios le había dicho que no lo hiciera.

En la historia de Moisés guiando al pueblo a la Tierra Prometida, después que habían vagado por el desierto por un largo tiempo —treinta y ocho años— el pueblo seguía quejándose. Le decían a Moisés: "¿Por qué hiciste venir la congregación de Jehová a este desierto, para que muramos aquí nosotros y nuestras bestias? ¿Y por qué nos has hecho subir de Egipto, para traernos a este mal lugar? No es lugar de sementera, de higueras, de viñas ni de granadas; ni aun de agua para beber" (Números 20:4-5). Moisés y Aarón dejaron a la gente quejándose, entraron al tabernáculo y cayeron sobre sus rostros ante el Señor, rogándole su ayuda otra vez. Dios respondió a sus plegarias y les dijo: "Toma la vara, y reúne la congregación, tú y Aarón tu hermano, y hablad a la peña a vista de ellos; y ella dará su agua, y les sacarás aguas de la peña, y darás de beber a la congregación y a sus bestias" (v. 8).

He oído a muchos predicadores decir que la razón por la que a Moisés no se le permitió entrar a la Tierra Prometida fue porque golpeó a la roca dos veces en vez de hablarle tan solo como el Señor le había dicho que hiciera. Yo creía que eso era verdad, hasta que viajé al país de Jordania y escuché a nuestro guía cristiano árabe darnos su explicación.

Él nos llevó a Números 20:10, donde Moisés y Aarón estaban exasperados con el pueblo. Siempre se estaban quejando, siempre eran negativos, y ahora querían agua de la roca. Moisés dijo: "¡Oíd ahora, rebeldes! ¿Os hemos de hacer salir aguas de esta peña?" (v. 10). Después de treinta y ocho largos años en el desierto, Moisés estaba bastante frustrado con las quejas de ese pueblo. En el versículo 11, Moisés golpea la roca dos veces en vez de hablarle.

Debido a su desobediencia, Dios le dice a Moisés: "Por cuanto no creísteis en mí, para santificarme delante de los hijos de Israel, por tanto, no meteréis esta congregación en la tierra que les he dado" (v. 12). Es justo después de este incidente que Aarón, el sumo sacerdote, muere (vv. 24-26).

Y ahora creo que la razón por la que Dios le dijo a Moisés que moriría antes de que entrasen a la Tierra Prometida y que él no podría entrar en ella, fue como Dios establece en el versículo 12: Moisés no lo santificó delante de los hijos de Israel. En otras palabras, Moisés no le dijo al pueblo que era el Señor el que haría salir agua de la roca. No le dio la gloria a Dios, y en su lugar dijo: "¿Os hemos de hacer salir aguas de esta peña?"

Creo que hay momentos en que las personas no reciben lo que necesitan del Señor porque sus motivaciones para recibir esas cosas no son las correctas. Alguien podría decir: "Oh, Dios, quiero que me bendigas, y si lo haces, seré un dador". Pero no son dadores en ese momento y no tienen la verdadera intención de convertirse en dadores si Dios los bendice. Otros quizás no reciban del Señor porque Él sabe que no tienen la intención de darle la gloria.

QUÉ HACER SI HA OFENDIDO AL ÁNGEL DEL SEÑOR

Hay tres cosas que debería hacer si siente que de alguna manera ha ofendido a Dios:

- *Confesar su pecado.* Ore: "Señor, realmente he hecho mal". No espere a que alguien se acerque y le pida que lo perdone. Confiese su pecado ante Dios.

- Arrepiéntase. Arrepentirse no significa solo confesar su pecado. Arrepentirse es cambiar. Dígale al Señor que con su ayuda usted no hará más las cosas que lo ofendieron. Vuélvase de su pecado, y comprométase a hacer su mejor esfuerzo para andar con Él a diario.

- *Pídale a Dios que lo ayude a perdonar a otros que le hayan hecho daño, y encuentre una forma de restitución con esa persona.* En otras palabras, escriba una carta a esa persona, si no puede verla físicamente. Dígale que aunque su situación puede haber sucedido años antes, usted le ha pedido a Dios que lo perdone por su espíritu rencoroso, y ahora le pide a esa persona que lo perdone. Este es un paso extremadamente importante que debe dar, especialmente si necesita sanidad.

Hace poco escuché a un joven en Cleveland, Tennessee, dar un testimonio. Él había estado en una silla de ruedas durante muchos años. Muchas personas habían orado por él, pero no había sido sanado. Él dijo esto: "Finalmente estuve en una reunión en la que el poder de Dios se estaba moviendo". Contó que simplemente se humilló ante Dios. Dejó de estar amargado con Dios. Dejó de preguntarle a Dios por qué no lo sanaba. La clave fue humillarse ante Dios. Nunca puede irle mal si se humilla ante Dios y dice: "Señor, necesito tu ayuda". Dios honrará su fe; Él honrará su integridad.

Si caminamos fielmente con Dios, toda la presencia de Dios, todo el poder de Dios y todas las bendiciones de Dios serán nuestras.

UNA PALABRA FINAL

Por James W. Goll

GÉNESIS 28 DEJA constancia de un momento en que el cielo se abrió y hubo quienes bajaron para visitar la tierra. Ellos revelaron las intenciones de Dios e hicieron promesas (y las promesas se hicieron verdad). ¿Quién lo hubiera imaginado?

El hombre que tuvo el privilegio de recibir a los visitantes angélicos no parecía merecer semejante honor. De hecho, su carácter tenía fallas graves. Había conspirado junto con su madre, estafado a su hermano mayor, e incluso había engañado a su padre enfermo. La noche en que bajaron los ángeles, él realmente estaba huyendo como un fugitivo de su hogar, de su Dios y de su verdadero llamado, destino e identidad. Esa noche con los ángeles cambió todo eso.

Jacob estaba destinado a convertirse en padre de las doce tribus de Israel, pero estaba huyendo de Beerseba a Harán, que estaba a doce millas al norte de Jerusalén. Se hizo la noche, así que él encontró una roca como almohada y, exhausto, cayó en un profundo sueño. Empezó a soñar. Ahora, usted podría creer que al haberse ido a dormir tan perturbado, pudo haber tenido pesadillas, llenas de tensión y ansiedad. Hubiera estado justificado que Dios le diera sueños llenos de severas amonestaciones sobre la honestidad, la veracidad y la obediencia, sueños que le hubieran advertido sobre la sanción determinada para sus enormes pecados.

En lugar de ello, Dios le dio a Jacob una vislumbre del cielo bajando a la tierra. Este hombre llamado Jacob, que era un impostor y un usurpador, vio un espectáculo que pocos han visto. La propia iluminación de Dios encendió la oscuridad, extendiéndose desde el cielo a la tierra y de vuelta. Jacob contempló la trascendental belleza del Señor Dios. Los ángeles ministradores —demasiados para ser contados— subían y bajaban en una escalera al cielo.

Jacob estaba impresionado. Había tenido un encuentro con el mismísimo Dios, quien estaba en lo alto de la escalera, dirigiendo todo para que la bendición generacional y el destino que le había prometido al abuelo de Jacob se cumpliera.

Jacob experimentó un auténtico encuentro celestial, y eso lo cambió de un día para el otro. Ahora estaba humillado por un temor santo; la piedra donde había dormido se había convertido en un tabernáculo para la gloria de Dios, su almohada en un altar del recuerdo.

La experiencia de Jacob es única en la historia. Aún así, *la escalera de Jacob sigue bajando del cielo*. Las historias verdaderas de este libro son solo un pequeño ejemplo del número de "escaleras" que han bajado del cielo a las vidas de gente común como usted y como yo.

No estamos solos. Tenemos *mucha* más compañía angélica de la que nos damos cuenta la mayor parte del tiempo. La adoración interminable procede de este coro angélico al que está sentado en el trono. Y la manifiesta presencia, planes y propósitos de Dios continúan bajando al espacio y tiempo de este mundo.

Cuando oramos: "Venga tu reino. Hágase tu voluntad, como en el cielo, así también en la tierra", estamos dando la bienvenida a las huestes celestiales para que vengan y se nos unan, nos ayuden y fortalezcan. Podemos asociarnos con el cielo para traer la agenda del Reino de Dios a la tierra. Sus huestes angélicas están listas para venir y soltar sabiduría, revelación, consuelo y dirección. Solo necesitamos alinearnos con la Palabra de Dios, someternos a su autoridad y dar la bienvenida a su provisión sobrenatural.

Oremos:

> *Señor, damos la bienvenida a tus ángeles, tus mensajeros.*
> *Les damos la bienvenida comoquiera que vengan, ya sea*
> *en fuego o en viento o sin sonido alguno. Decimos, como*
> *ha dicho tu pueblo a través de todos los tiempos: "Nece-*
> *sitamos ayuda del cielo". Necesitamos ser fortalecidos. In-*
> *vocamos una vez más la escalera de Jacob para que baje*

al ámbito terrenal. Señor, anhelamos ver tu voluntad hecha en la tierra. Úsanos para cumplir tus planes. Impártenos la sabiduría del cielo. Se trata de Ti. No se trata de nosotros, y ni siquiera se trata de tus ángeles. Es tu reino el que viene, Señor. Cumple tus promesas. ¡Ejecuta tus planes de los últimos tiempos! Estamos ante Ti, tan listos como podemos estar. Prepáranos, haznos parte de tu ejército; que estemos alerta y sensibles a Ti. ¡Te amamos! En el nombre de Jesús, amén.

NOTAS

Introducción

1. C. H. Spurgeon, "El primer villancico de Navidad", sermón predicado el 20 de diciembre de 1857 en Music Hall, Royal Surrey Gardens, Londres. http://www.spurgeon.com.mx/sermon168.html (Consulta en línea 12 de febrero de 2015).

Capítulo 1
¿Qué son los ángeles?

1. C. Fred Dickason, *Angels: Elect and Evil* (Chicago: Moody Press, 1975), 58. [Hay edición castellana: *Los ángeles: escogidos y malvados*. Editorial Portavoz, 1995].

2. Lehman Strauss, *Demons Yes—But Thank God For Good Angels* (Demonios sí, pero gracias a Dios por los ángeles buenos) (Neptune, NJ: Loizeaux Brothers, 1976), 88.

3. Henry Clarence Thiessen, *Lectures in Systematic Theology* (Conferencias sobre Teología sistemática), (Grand Rapids, MI: William B. Eerdmans Publishing Company, 1986), 134.

4. Robert Lightner, *Evangelical Theology* (Teología Evangélica) (Grand Rapids, MI: Baker Book House, 1986), 138, 135.

5. La Escritura nos dice que los hijos de Dios vieron que las hijas de los hombres eran hermosas, y los resultados de esas uniones fueron los Nefilim (Génesis 6:1-2, 4). Parecería que algunos ángeles caídos transgredieron no solo por tomar cuerpos humanos, sino por poner en operación todas las funciones de esos cuerpos, incluido el sexo. Esta transgresión fue tanto peor incluso que la rebelión contra Dios, que ellos fueron encadenados en la oscuridad antes del diluvio o en la época del diluvio. Segunda de Pedro 2:4-5 indica que estos ángeles fueron arrojados "al infierno" y entregados "a fosos de tinieblas" (LBLA), al parecer una especie de cárcel para mantener a los presos en espera de sentencia. La presencia de los Nefilim no cambia el hecho de que los ángeles no son una raza, sino un orden creado que no han sido diseñados para casarse y tener hijos.

6. Thiessen, *Lectures in Systematic Theology*, 134, 139.

7. John Ronner, *Do You Have a Guardian Angel?* (¿Tiene usted un ángel de la guarda?) (Murfreesboro, TN: Mamre Press, 1985), 153.

8. Charles Hunter y Francis Hunter, *Angels on Assignment* (Ángeles en mission) (New Kensington, PA: Whitaker House, 1979), 45.

9. Pascal Parente, *Beyond Space* (Más allá del espacio) (Rockford, IL: TAN Books and Publishers, 1973), 24.

10. Hope Price, *Angels* (Ángeles) (London: Macmillian, 1993), 120. Esta cita y las siguientes son usadas con permiso.

11. Billy Graham, *Angels, God's Secret Agents.* (Dallas: Word Publishing, 1986), 34-35. [Hay ediciones en español: *Ángeles, agentes secretos de Dios.* Editorial Caribe, 2006. Grupo Nelson, 2012].

12. Dickason, *Angels: Elect and Evil*, 43.

13. Sophy Burnham, *Angel Letters* [Cartas sobre ángeles], (Nueva York: Ballantine Publishing Group, 1991), 123-127

14. Lewis Chafer, *Teología Sistemática I y II.* Publicaciones Españolas Inc., 1986). Vol. II p. 443. Esta cita y las siguientes son usadas con permiso.

Capítulo 2
La naturaleza de los ángeles

1. Parente, *Beyond Space: A Book About Angels* (Más allá del espacio: un libro sobre ángeles), 18-19.

2. Martín Lutero, *Table Talk*, trans. William Hazlitt (Gainesville, FL: Bridge-Logos, 2004), sec. 565.

3. Juan Calvino, *Institución de la Religión Cristiana.* (Traducida y publicada por Cipriano de Valera en 1597, nueva edición revisada en 1967. Fundación Editorial de Literatura Reformada (FELIRE). Barcelona, 1999). 1.14.5, 6, 9.

4. Margaret Barker, *An Extraordinary Gathering of Angels* (Una extraordinaria reunión de ángeles) (London: MQ Publications, 2004), 10.

5. Graham, *Angels: God's Secret Agents,* 30.

6. *Encyclopedia Mythica Online* (Enciclopedia mítica en línea), s.v. "Angels" (ángeles) (por el rabino Geoffrey W. Dennis), http://www.pantheon.org/articles/a/angels.html (consulta en línea el 29 de Septiembre de 2006).

7. Danny Steyne, "Angels in Bennington, Vermont" (Ángeles en Bennington, Vermont) GreatestAwakening.com, http://www.greatestawakening.com/angelsinbennington.htm (consulta en línea el 9 de octubre de 2006). Usado con permiso.

8. *Ibíd.*

9. *Ibíd.*

Capítulo 3
Características de los ángeles

1. *Enciclopedia Católica Online*, s.v. "Ángeles", http://ec.aciprensa.com/wiki/%C3%81ngeles#Organizaci.C3.B3n_jer.C3.A1rquica (Consulta en línea, 8 de febrero de 2015).

2. *Ibíd.* Ver también, Tomás de Aquino, *Summa Theologica*, rev. ed., trans. Fathers of the English Dominican Province, 1.108, http://www .newadvent.org/summa/1108.htm (accessed March 8, 2007).

3. Según la *Enciclopedia Católica Online*: "La Biblia sólo nos provee tres nombres de ángeles individuales, a saber, Rafael, Miguel y Gabriel, nombres que denotan sus respectivos atributos. Libros judíos apócrifos, como el Libro de Henoc, nos dan los nombres de Uriel y Jeremiel, mientras que muchas otras fuentes apócrifas nos dan muchos más, como los que nombra Milton en su "Paraíso Perdido"". http:// ec.aciprensa.com/wiki/%C3%81ngeles#Organizaci.C3.B3n_jer.C3 .A1rquica (Consulta en línea, 8 de febrero de 2015).

4. Anna Rountree, *The Heavens Opened* (Los cielos abiertos) (Lake Mary, FL: Charisma House, 1999).

5. Usted puede leer el Libro de Enoc en castellano en línea en http://www.bibliotecapleyades.net/esp_enoch.htm (Consulta en línea, 8 de febrero de 2015).

6. Coptic Orthodox Church Network, "The Coptic Church and Dogmas" (Iglesia Ortodoxa Copta, "la Iglesia Copta y los dogmas"), 3.2, http://www.copticchurch.net/topics/thecopticchurch/church3-2 .html (Consulta en línea 30 de noviembre de 2006).

Capítulo 4
Ángeles en la vida del pueblo de Dios

1. Norvel Hayes, *Putting Your Angels to Work* (Cómo poner a trabajar a sus ángeles) (Tulsa, OK: Harrison House, 1989), 8, 23.

2. Fred H. Wight, *Usos y costumbres de las tierras Bíblicas.* (Editorial Portavoz, 1961), 118.

3. Marilyn Hickey, *Angels All Around* (Ángeles a nuestro alrededor) (Denver, CO: Marilyn Hickey Ministries, 1991), 131–132.

Capítulo 5
Los Ángeles en la vida de Jesús

1. Hal Lindsey, *Satan Is Alive and Well on Planet Earth* (Satanás está vivo y bien en el Planeta Tierra) (Grand Rapids, MI: Zondervan, 1972), 55. Esta cita y las siguientes se usan con su permiso.

2. John MacArthur, Jr., *God, Satan, and Angels* (Dios, Satanás, y Los Ángeles) (Panorama City, CA: Word of Grace Publications, 1983), 123; and A. C. Gaebelein, *What the Bible Says About Angels* (Grand Rapids, MI: Baker Book House, 1993), 9–10.

3. Graham, *Angels, God's Secret Agents*, 121.

4. Lindsey, *Satan Is Alive and Well*, 54.

5. Hickey, *Angels All Around*, 17

6. James Strong, *Nueva concordancia exhaustiva de la Biblia de Strong* (Editorial Caribe, 2003), diccionario de griego, #1247.

7. Guy Duffield y Nathaniel Van Cleave, *Fundamentos de Teología Pentecostal.* (Editorial Desafío. Bogotá, Colombia. 2006), 523. Esta cita y las siguientes son usadas con permiso.

8. Hay algunas discrepancias entre los cuatro evangelios acerca de cuántos ángeles fueron a la tumba de Jesús y exactamente dónde estaban. La respuesta puede ser que todos los cálculos sean precisos, solo que informados desde la perspectiva de diferentes personas.

9. Roy H. Hicks, prólogo de *Guardian Angels* (Ángeles guardianes) (Tulsa, OK: Harrison House, 1991), 5

CAPÍTULO 6
LOS ÁNGELES Y LA NACIÓN DE ISRAEL

1. Los veinticuatro libros de la Biblia Hebrea (Tanaj) que llegó a ser el Antiguo Testamento de la Biblia cristiana: los cinco Libros de Moisés (el Pentateuco o Torá): Génesis, Éxodo, Levítico, Números y Deuteronomio; ocho libros de los profetas: Josué, Jueces, Samuel (1 y 2 Samuel), Reyes (1 y 2 Reyes), Isaías, Jeremías, Ezequiel y los Doce (Trei-Assar) o los profetas menores; y once libros de los Escritos: Salmos, Proverbios, Job, Cantar de los Cantares, Rut, Lamentaciones, Eclesiastés, Ester, Daniel, Esdras, Nehemías y Crónicas (1 y 2 Crónicas). Los doce libros de los profetas menores incluyen Oseas, Joel, Amós, Abdías, Jonás, Miqueas, Nahum, Habacuc, Sofonías, Hageo, Zacarías y Malaquías. Los libros hebreos de Samuel, Reyes, Esdras/Nehemías y Crónicas están en cada caso divididos en dos libros en la Biblia cristiana.

2. Esta información proviene del Apéndice 2 de Gary Kinnaman, *Angels Dark and Light* (Ann Arbor, MI: Servant/Vine, 1994), 221. [Hay versión castellana: *Ángeles: De las tinieblas y de la luz.* Grupo Nelson, 1996].

3. Lance Lambert, *Battle for Israel* (La batalla por Israel) (Eastbourne, East Sussex, England: Kingsway Publications, 1975)), 9, 13–14.

4. *Ibíd.*, 111.

5. Bill Yount: "Las 'Ester' están siendo convocadas para venir a Jerusalén a presentarse ante el Rey… para un tiempo como este", en L lista de Elías, 18 de agosto de 2006, http://www.elijahlist.com/words/display_word/4395 (consulta en línea el 15 de enero, 2015).

CAPÍTULO 7
LOS ÁNGELES ADORAN A DIOS

1. John Paul Jackson, *7 Days Behind the Veil* (*7 días tras el velo*) (North Sutton, NH: Streams Publishing House, 2006), 28–29.

Capítulo 8
Los ángeles nos protegen

1. Bill Bright, "Guardian Angels Watching Over Us," Angel Stories and Miracles, (Ángeles guardianes velan por nosotros. Historias y milagros de ángeles) http://www.thoughts-about-god.com/angels/bb_guardian.htm (consulta en línea, 16 de enero de 2015).

2. FOXNews.com, "Caught on Camera," *FOX and Friends* (Atrapado en la Cámara", *FOX y sus amigos)*, 25 de diciembre de 2008, http://www.foxnews.com/video-search/m/21712317/caught_on_camera.htm (Consulta en línea, 16 de enero de 2015).

Capítulo 10
Los ángeles nos fortalecen

1. "Angel Comes to Encourage," Angel Stories and Miracles, (El ángel viene a alentar. Historias y milagrosas de ángeles). http://www.thoughts-about-god.com/angels/surgery.htm (Consulta en línea, 16 de enero de 2015).

Capítulo 11
Los ángeles lucharán por nosotros

1. Kenneth E. Hagin, *The Triumphant Church* (La iglesia triunfante) Tulsa, OK: Harrison House, 1994), 208–209.

2. Guy Duffield y Nathaniel Van Cleave, *Fundamentos de Teología Pentecostal*, 549.

3. W. E. Vine, Vine Diccionario Expositivo de Palabras del Antiguo y del Nuevo Testamento Exhaustivo. (Editorial Caribe. Colombia. 2005).), s.v. "Luchar, lucha".

4. Cornwall and Reid, *Whose War Is It Anyway?*, 14, 17.

5. *Ibíd.*, 16.

6. Hagin, *The Triumphant Church*, 244

7. Anderson, *Victory Over the Darkness* (Victoria sobre la oscuridad), 54.

8. Hagin, *The Triumphant Church*, 150.

9. Otis, "An Overview of Spiritual Mapping," in Breaking Strongholds (Un resumen de la cartografía espiritual en la destrucción de fortalezas), Wagner ed., 36–37

Capítulo 12
Los ángeles ejecutan juicios

1. Jim Bramlett, "Angels Discovered Singing End-Time Song in Rural Chinese Worship Service in 1995!" (¡Descubren ángeles cantando canciones del Tiempo Final en un servicio rural de adoración

en China en 1995!) http://www.virtualchurch.org/vchurch/angels.htm
(consulta en línea, 19 de enero, 2015).

Capítulo 13
Por orden de Dios

1. Bart, "Switch Lanes Angel Story," Amazing Angel Stories, http://
www.angelrealm.com/switch_lanes_story/index.htm (Consulta en
línea, 19 de enero de 2015).

Capítulo 14
Por medio de las Escrituras

1. Eugene Merrill, *New American Commentary: Deuteronomy
(Nuevo Comentario Americano: Deuteronomio)* (Nashville, TN: B&H
Publishing Group, 1994), 434–435.

Capítulo 15
A través de la oración

1. Adaptado de "Prayed for God's Angels Story," Amazing Angel
Stories, (Pedir historias de ángeles de Dios, Asombrosas historias de
ángeles). http://www.angelrealm.com/prayed_for_angels/index.htm
(Consulta en línea, 13 de marzo de 2009).

Capítulo 16
En Reino Unido Ministerio

1. Terry Law: *The Truth About Angels (La Verdad sobre Los Ángeles)*
(Lake Mary, FL: Charisma House, 1994, 2006), 41–42.

2. Taken from the *Agape* Newsletter, Little Rock, AK, May/June,
1988, 3. This newsletter is published by Agape Church, pastored by
Happy Caldwell, as related in Law, Taken from the *Agape* Newsletter,
Little Rock, AK, May/June, 1988, 3. This newsletter is published by
Agape Church, pastored by Happy Caldwell, as related in Law, *The
Truth About Angels*, 41. [Tomado del boletín Ágape, Little Rock, AK,
mayo/junio 1988, 3. Este boletín es publicado por la iglesia Agape
Church, pastoreada por Happy Caldwell, como es relatado por Law en
The Truth About Angels (La verdad sobre los ángeles), 41.]

3. Larry Libby, *Somewhere Angels* (En algún lugar los ángeles) (Sis-
ters, OR: Questar Publishers, 1994), 32, como es relatado por Law en
The Truth About Angels, 42.

4. Keyhole Ministerios, "God's 26 Guards," (26 guardias de Dios),
http://keyholeministry.blogspot.com/2007/09/gods-26-guards.html
(consulta en línea, 20 de enero de 2015).

Capítulo 17
Cinco principios bíblicos que liberan a los ángeles

1. Anderson, *Bondage Breaker*, 61.

2. Buddy Harrison, *Understanding Authority for Effective Leadership* (Cómo entender la autoridad para un liderazgo efectivo) (Tulsa, OK: Harrison House, 1982), 21–46. Ralph Mahoney, "The Use and Abuse of Authority," *Acts* magazine, vol. 11, no. 4, 2–11.

3. Terry Law, *The Power of Praise and Worship* (El poder de la alabanza y la adoración) (Tulsa, OK: Victory House, 1981), 161–162.

4. Cobertura, *Systematic Theology* /Teología Sistemática), 73.

5. *Ibíd.*

6. Cornwall, *Whose War Is It Anyway* 29.

¡Viva la lectura!

Cápsulas de literatura a través del Club 700 Hoy

Para conocer días y horarios del programa, síguenos en

f facebook.com/vivalalectura

PRESENTADO POR:

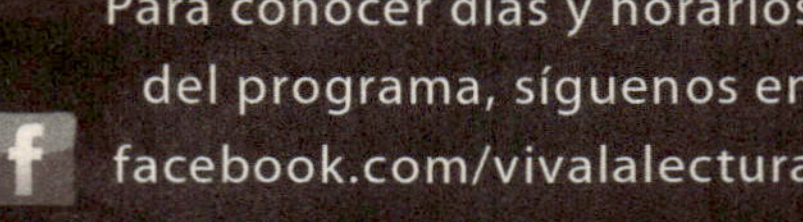

13057